KB210391

붓다와 명상

붓다와 명상

| 임승택 지음 |

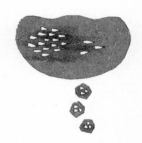

민족사

머리말

현재 미국에서 불교명상은 심리치료의 주류로 부상하고 있다. 2009년 겨울 한국을 방문한 하버드 의과대 크리스토퍼 거머 (Christopher K. Germer) 교수에 의하면 불교명상은 그 어떤 치료 방법보다 불안·우울증·공황장애 등에 탁월한 효과를 보이며, 가장 현대적이고 두드러진 형태의 행동 치료로 주목 받고 있다고 한다. 실제로 미국의 저명한 심리치료 잡지인《사이코테라피 네 트워크(Psychotherapy network, 2007년 3·4월호)》에 따르면 미국에 서 활동하는 심리치료사 중 41.4%가 자신들의 치료에 불교명상 원리를 결합시켜 실행하고 있는 것으로 나타났다.

불교명상이 주목 받는 원인은 무엇일까. 거머 교수는 과학적 으로 입증된 탁월한 효과를 그 원인으로 꼽고 있다. 불교명상은 종래의 정신분석이나 인지치료로 고치지 못하는 질병들을 치료하는 임상적 효과가 두드러진다. 더불어 인지과학이나 뇌과학의 발달로 인해 그 우수성이 속속 과학적으로 증명되고 있다. 국내에서도 이러한 분위기에 자극을 받아 명상치료(Meditation-Therapy)라는 새로운 학문 영역이 빠르게 확산되고 있으며, 이미 다수의 관련 학회가 출범하여 활발한 연구 활동을 벌이고 있다. 필자는 불교명상을 전공하는 입장에서 이와 같은 안팎의 추세에 많이 기대하고 있다. 비로소 불교명상에 대한 본격적인 관심과 함께 체계적인 연구의 발판이 마련될 수 있을 것이라는 희망을 가져본다.

　　그러나 필자는 서구 심리학이 주도하는 명상치료에 무작정 동조할 수 없는 심경이다. 심리치료자들은 통계적으로 입증할 수 있는 치료 효과에만 관심을 갖는 듯하다. 물론 현대적 방식으로 명상을 활용하는 자체를 문제시할 수는 없다. 그러나 그러한 분위기에 압도되어 명상이 삶의 근원적인 문제 해결에 주력해왔다는 사실을 망각할 수 있다. 따라서 이 시점에서 불교명상의 근본 취지가 무엇인지 되새길 필요가 있다. 불교명상은 비단 신경증 환자만이 아니라 정상인으로 분류될 수 있는 보통의 사람들을 상대로 해왔다. 즉 인간이 지니는 보편적인 괴로움의 종식에 주목해왔다.

　　현재 진행되는 불교명상과 심리치료의 접목은 심리학자 혹은 심리치료자들이 주도하고 있으며, 명상이 지니는 기능적 · 조작적 측면에 초점을 맞추는 경향이 있다. 이러한 접근은 일정한 한계를 지닐 수밖에 없다는 것이 필자의 입장이다. 불교명상은 2,500년이라는 장구한 세월 동안 검증의 과정을 거쳤다. 거기에는 병증의 일시적 완화 차원을 넘어 심원한 지혜가 깃들어 있다고 보아야 한다. 따라서 이 책은 종교가로서의 붓다라는 인물로부터 시작해, 명상의 유래와 갈래, 나아가 명상이 지닐 수 있는 교리적·철학적 의의를 종합적으로 다룬다. 이러한 구성은 불교명상의 특정 부분에 초점을 맞추는 심리치료자들의 접근 방식과 차별적이다.

　　원고를 집필하면서 다음 두 가지를 염두에 두었다. 하나는 기술하는 모든 내용을 가급적 초기불교 경전(經典) 모음집인 『니까야(Nikāya)』에 근거하고자 한 것이고, 다른 하나는 필자 자신이 경험했던 명상 체험을 십분 반영하려 한 것이다. 전자는 경전에 의해 뒷받침되는 명상의 실제를 분명히 하려는 의도에서였고, 후자는 자칫 고답적인 분위기로 흐를 수 있는 글쓰기의 지루함을 벗어나려는 생각에서였다. 또한 이것은 그간 국내에 출간된 대부분의 명상 관련 서적들이 주관적인 체험 위주로 구성되어 있거나, 혹은 그와 반대로 문헌학적 관심에 매몰되었다는 반성에 따른 것이기도 하다.

　　이 책은《불교포커스》에 매달 연재했던 글을 모았다. 이제 와 보니 연재 초반에는 다소 형식적인 내용에 붙잡혀 있었다는 생각이 든다. 일 년에 걸친 기간 동안 그다지 큰 반응은 없었지만 댓글을 통해 몇몇 내용을 수정 및 보완할 수 있었다. 이 자리를 빌어 댓글로 참여해 주신 분들에게 깊은 감사의 마음을 전한다. 이번 작업을 통해 그간 산발적으로 써 두었던 글들을 정리할 수 있었고, 또한 스스로의 명상 체험에 대해서도 다시 한 번 점검할 수 있었다. 따라서 이 책에는 다소 주관적인 내용도 포함되어 있으며, 바로 그 점에서 논란의 여지가 있을 수 있다. 이에 대해서는 독자분들의 기탄없는 비판과 충고를 기다린다.

필자에게 위빠사나 명상의 고귀한 가르침을 베풀어주셨던 분들을 떠올려 본다. 대지심리학연구소의 현오스님, 보리수선원의 붓다락키따스님, 미얀마의 우 자나까 사야도(U Janaka Sayadaw), 우 빤디따 사야도(U Pandita Sayadaw), 우 떼자니야 사야도(U Tejaniya Sayadaw)께 이 자리를 빌어 심심한 감사의 마음을 올린다. 또한 지난 20년 동안 요가(Hatha-Yoga)를 지도해 주셨고 위빠사나 수행을 격려해 주신 한국요가연수원의 이태영 선생님도 잊을 수 없다. 거친 원고를 다듬어 주신 경북대학교의 강정실 박사님과 강의숙 선생님께도 고마운 마음을 표한다. 흔쾌히 출판을 허락해 주신 민족사 윤창화 사장님과 출판사분들께도 깊이 감사드린다.

2011년 2월 임승택

| 차례 |

붓다와
명상

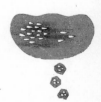

붓다에 대한 오해

붓다는 누구인가

붓다(Buddha)는 누구인가. 가장 먼저 떠오르는 것은 불교의 창시자라는 것이다. 즉 붓다에 의해 불교라는 종교가 시작되었다. 붓다란 '깨달음을 이룬 분'이라는 의미를 지닌다. 불교라는 종교는 붓다의 가르침 아래 깨달음[菩提, bodhi]을 실현하려는 이들이 모여 형성된 공동체이다. 여기에서 창시자인 붓다와 그를 따르는 이들의 관계는 스승과 제자의 그것에 비견할 수 있다. 붓다는 제자들이 올바른 깨달음에 이르도록 가르침을 펼친 스승이다. 이것이 우리가 붓다에 대해 갖고 있는 가장 일반적인 이미지일 것이다.

그러나 이러한 붓다의 이미지는 간혹 왜곡된 모습으로 나타나기도 한다. 불교를 처음 접한 서구인들은 붓다를 힌두교

(Hinduism)에서 신봉하는 수많은 신(神) 중의 하나로 오해하기도 했다. 또한 힌두교의 일부 추종자들은 붓다를 최고신(最高神)인 비슈누(Viṣṇu)의 화신(化身)으로 믿기도 하였다. 그들에 따르면 화신으로서의 붓다는 인간의 삶에 강력한 영향력을 행사하는 절대적 존재이다. 그러나 이러한 견해들은 불교 내부에서는 용인되지 않으며 타당한 근거도 지니지 못한다. 불교에서는 막강한 권능을 지닌 신적 존재라 하더라도 통찰력이 결핍될 수 있다고 본다. 그러한 이유로 진리의 세계에서 유리될 수 있다는 점을 간과하지 않는다.

사실 불교에서는 일상적인 경험 영역 외부의 수많은 신격(神格)을 용인해 왔다. 그러나 진리를 꿰뚫지 못한 한 그들은 참된 귀의(歸依)의 대상이 될 수 없다고 본다. 신적 존재들은 인간이 지니지 못한 초월적 능력을 발휘하면서 천상의 즐거움을 향유하거나 베풀 수 있다. 그렇지만 완전한 깨달음을 얻지 못한 이상 언젠가는 부적절한 상황을 야기할 수 있다. 따라서 불교에서는 신들의 역할을 세속적인 삶의 조력자로 제한한다. 나아가 신적 존재에 대해 예우를 갖추는 것은 큰 문제가 되지 않지만, 무조건적인 의존의 대상으로 삼거나 혹은 깨달음의 차원으로 연계시키지 못한다면 곤란하다고 본다.

불교에 대한 학문적 연구가 시작되면서 발생한 또 하나의 그릇된 이미지가 있다. 붓다의 가르침을 염세주의(厭世主義)로 오인하는 경우가 그것이다. 불교에서는 인간의 현실을 괴로움으로 파악한다. 인간은 스스로의 의지와 무관하게 태어나 살다가 결국

엔 죽는다. 아무리 발버둥을 치더라도 이와 같은 현실에서 자유로울 수 없다. 붓다는 바로 이것을 직시하라고 이른다. 이러한 가르침은 삶의 부정적인 측면만을 강조하는 것으로 여겨질 수 있다. 세상에는 재미나고 즐거운 일들이 부지기수이며 그것만을 추구하기에도 바쁘다. 따라서 생로병사의 괴로움을 가리키는 붓다의 가르침은 비관적인 색채를 지닌 것으로 잘못 이해될 수 있다.

붓다의 가르침에 이러한 내용만 있다면 염세주의라는 평가는 타당할 것이다. 그러나 괴로움에 대한 강조는 그것을 극복하기 위한 과정이라는 의미를 지닌다. 붓다는 결코 괴로움 자체에 매몰되지 않았으며 오히려 그것을 넘어선 행복의 경지를 드러내는 데 목적을 두었다. 모든 괴로움에는 나름의 모습과 원인이 존재하며 바로 그들을 잘 다스리면 즐거움의 상태에 이르게 된다. 해탈(解脫, vimutti)이나 열반(涅槃, nibbāna)의 경지가 그것이다. 해탈과 열반은 깨달음의 실현 양상으로 붓다의 가르침이 지향하는 궁극의 가치라고 할 수 있다. 전자는 '갖가지 실존적 괴로움으로부터 벗어난 상태'로 풀이할 수 있고(Ps. II. 35쪽 이하 참조), 후자는 '일체의 부정적 정서와 사고를 가라앉힌 경지'로 정의할 수 있다(SN. IV. 251쪽 참조). 이와 같은 이상의 추구가 포함되는 한 붓다의 가르침을 염세주의로 보는 것은 타당하지 않다.

붓다에 대한 또 하나의 오해는 무위도식자(無爲徒食者) 즉 '일하지 않고 먹는 사람'이라는 것이다. 이러한 시선은 꽤 뿌리가 깊다고 할 수 있다. 이와 관련하여 초기경전인 『브라흐마상윳따』

에는 다음의 문구가 등장한다.

> 사문이여, 나는 밭을 갈고 씨를 뿌리며, 밭을 갈고 씨를 뿌린 다음에 먹는다. 그대도 밭을 갈고 씨를 뿌려라. 밭을 갈고 씨를 뿌린 후에 먹도록 하라.(SN. I. 172쪽)

이것은 당시 육체적인 노동에 전념하지 않는 수행자들에 대한 일반인의 곱지 않은 시선을 반영한 것이라고 할 수 있다. 실제로 이와 같은 비난은 초기불교 이래로 오늘날까지 출가수행자들을 겨냥해 제기된 해묵은 것이라고 할 수 있다. 이에 대해 붓다는 다음과 같이 답한다.

> 바라문이여, 나 또한 밭을 갈고 씨를 뿌린 후에 먹는다. (중략) 믿음[信]은 씨앗이며 고행은 비이다. (중략) 부끄러움[慚]은 쟁기의 자루이고, (중략) 마음지킴[念]은 보습과 채찍이다. (중략) 나는 이와 같이 밭갈이를 끝내니, 죽지 않음[不死]의 열매가 있노라.(SN. I. 172~173쪽)

이 말은 '붓다는 누구인가'에 대한 붓다 자신의 해명으로 깊이 새겨둘 필요가 있다. 인간의 삶에서 정신적 가치의 추구를 완전히 배제할 수 있다면 '일하지 않고 먹는 사람'이라는 지적이 타당할 수도 있을 것이다. 그러나 그렇지 않다면 우리는 정신적 스승으로서 붓다의 존재를 인정해야 한다. 위의 답변에는 인간이라는 존재 자체가 과연 무엇인가에 대한 반성과 성찰이 전제되어 있다고 할 수 있다.

지극히 인간적인 종교가

최근 서구적 종교관의 확산과 더불어 종교라는 말의 사용 범위가 좁아진 느낌이 있다. 종교라면 왠지 초월적 존재(神)에 대한 무조건적인 믿음을 연상하게 된다. 그러나 불교라든가 유교와 같이 동양 전통에 뿌리를 둔 종교에서는 그러한 존재를 상정하지 않는 경우가 많다. 사실 종교(宗敎)라는 말 자체는 인도의 산스끄리뜨어(Sanskrit)에 뿌리를 두고 있는데, 그 원래 의미는 '궁극의 목적을 성취하기 위한 가르침'으로 풀이된다. 즉 종취(宗趣 혹은 宗)로 한역되는 싯단따(siddhānta)와 교언(敎言 혹은 敎)으로 옮겨지는 데사나(desāna)로부터 종교라는 용어가 탄생했다. 이렇듯 애초 종교라는 말에 초월적 절대자에 대한 믿음이 포함되었던 것은 아니다. 다만 인생의 궁극 목적을 실현해 나가는 과정에서 요구되는 가르침으로서의 의미가 강하다.

　　종교에 상응하는 영어식 명칭으로 릴리전(Religion)이 있다. 이것은 라틴어(Latin) 렐리기오(Religio)에 어원을 둔다고 한다. 로마의 철학자 키케로(Cicero)에 의하면 렐리기오는 다시 읽다(wieder lesen)라는 뜻의 레리가레(Re-ligare)에서 유래한 것으로,

경전이나 의례문을 반복해서 읽음으로써 엄숙한 예배나 종교의식을 진행하는 것을 의미했다. 한편 기독교 수사학자 루시우스 락탄티우스(Lucius Lactantius)는 렐리기오가 재결합을 의미하는 레리가레(religare)에서 유래했다고 주장하며, '신앙의 끈으로 하나님과 재결합하는 것'이라고 풀이하였다. 이러한 서양의 전통적 종교 이해에는 신앙(faith) 혹은 믿음(belief)의 측면이 크게 부각된다고 할 수 있다. 따라서 종교라는 말 자체에 동서양의 이질적 배경이 있음을 알 수 있다.

그러나 불교에서도 절대적 존재에 대한 믿음을 배제하는 것은 아니다. 누구나 처음부터 완전한 깨달음의 경지를 맛볼 수 있는 것은 아니다. 따라서 깨달음의 여정에 들어가고자 하는 이들에게는 일단 붓다의 가르침을 믿고 따르는 신앙적 결단이 요구된다. 이것이 전제되지 않으면 우리는 스스로의 한계를 뛰어넘을 수 없으며 험난한 인생의 여정에서 방황하지 않을 수 없다. 자신의 나약함을 인정하고 오로지 붓다의 가르침에 의존하겠다는 실존적 결의가 있어야만 한다. 바로 이것이 '부처님께 귀의합니다(Buddhaṁsaraṇaṁ gacchāmi)'로 표현되는 삼귀의(三歸依)의 첫 번째 서약이다. 여기에서 우리는 신앙의 대상으로서의 붓다와 마주하게 된다.

사실 불교라는 종교에서 믿음(信, saddhā)은 결코 간과할 수 없다. 여러 초기경전에서는 수행을 이끄는 심리적 요인(indrya)들을 언급할 때마다 믿음을 첫 번째로 꼽는다. 또한 『화엄경』에서도 '믿음은 도의 으뜸가는 공덕의 어머니이다(信爲道元功德母, 『화엄경』권6, 「賢首菩薩品」).'라고 기술한다. 이것은 믿는 마음이 있어야만 가르침을 올바로 받아들일 수 있고 또한 실천할 수 있다는 것을 의미한다. 동일한 맥락으로 초기경전에는 '목숨을 다하여 귀의합니다(pāṇupetaṃ saraṇaṃ gataṃ).'로 표현되는 제자들의 맹세가 도처에 등장한다. 믿음은 의혹과 불신의 마음으로부터 우리를 자유롭게 한다. 또한 이것은 세상살이의 거친 폭류(瀑流)에 과감히 뛰어들 수 있는 용기를 제공한다(Vism. 464쪽).

　여기서 유의할 것은 불교에서 말하는 믿음이 맹목적인 믿음(blind faith)과 엄격히 구별된다는 점이다. 즉 불교의 믿음은 바른 견해를 바탕으로 하며, 또한 그것을 통해 더욱 굳건해지는 특징을 지닌다. 이와 관련해 붓다는 어떠한 권위와 전통에도 함부로 굴복하지 말라고 이른다. 바른 견해로써 자신과 주변을 잘 헤아린 연후에 동요 없는 믿음으로 나아가라는 의미이다. 심지어 붓다는 자기 자신에 대해서도 무조건적으로 끌리지 말라고 충고한다. 다만 그는 어떠한 무엇이 진정으로 건전하고 좋다는 것을 알게 되었을 때 진심으로 믿고 따르라고 권한다(AN. I. 188쪽 이하). 붓다는 그가 설하는 가르침이 올바른 이해를 바탕으로 받아들여지기를 희망하였고, 또한 그것과 더불어 삶의 버팀목이 될 수 있기를 바랐다. 여기에서 우리는 지극히 인간적인 종교가로서의 붓다를 보게 된다.

치료자로서의 붓다

인도철학의 무대에서 붓다의 출현은 기존의 사상들에 대한 반성의 의미가 크다. 붓다는 그 이전까지 전해 내려온 모든 유형의 사변적 세계관에 정통한 인물이었다. 예컨대 『범망경』에서는 당시 존재했던 사상들을 예순두 가지로 분류하고 그들 하나하나에 대해 세밀하게 고찰한다. 거기에는 영혼의 불멸을 주장하는 상주론(常住論)이라든가, 죽고 나면 모든 것이 소멸되어 없어진다는 단멸론(斷滅論), 조물주에 의해 세상이 창조 · 유지된다는 일분상주론(一分常住論) 등 갖가지 견해가 포함된다(DN. I. 1쪽 이하). 사실 이들은 동서양을 망라한 고금의 형이상학적 논의에서 끊임없이 쟁점이 되어 왔다고 할 수 있다. 이들에 대해 냉철하게 접근해 나가는 태도에서 우리는 엄격한 철학자로서의 붓다를 보게 된다.

그러나 붓다는 모든 유형의 사변적 주장들에 대해 유보적인 태도를 취한다. 다시 말해서 그들 중 어떤 하나의 입장을 고수하거나 혹은 새로운 유형의 형이상학을 제시하는 것에 목적을 두지 않는다. 오히려 그는 형이상학에 대한 추구가 내면의 탐욕과 집착에 연결될 수 있음을 지적한다. 그에 따르면 경험 세계를 벗어난 문제에 대한 대부분의 주장은 집착이라든가 불안과 같은 심리적 요인에 뿌리를 둔다. 예컨대 영혼의 불멸을 주장하는 입장은 현재의 자기를 영속화하려는 집착의 산물이며, 죽고 나면 모든 것이 소멸한다는 단멸론은 현실의 불만에 대한 자포자기적 심리를 반영한다. 이것은 조물주에 의해 세상이 창조·유지된다는 견해에도 마찬가지로 적용된다. 즉 초월적 절대자에 대한 주장 역시 내면의 불안과 두려움을 해소하기 위한 의도에서 비롯될 수 있다.

대부분의 형이상학적 논의는 개인적인 신념의 차원에 그치지 않는다는 점에서 문제를 발생시키곤 한다. 특정한 견해를 확신하는 보통의 사람들은 그것을 타인에게 강요하기 십상이다. 실제로 우리는 지난 수천 년의 역사를 통해 상충하는 견해들이 빚어낸 갈등과 불화를 수없이 목격하였다. 종교적 분쟁이라든가 이념적 갈등이 불러일으킨 전쟁과 살육이 그것이다. 인류 역사상 대규모로 자행된 거의 모든 핍박과 박해에는 특정한 견해에 대한 요지부동한 확신이 전제되어 있었다. 초기경전에서는 이것이 발생하는 최초 양상을 다음과 같은 소박한 문구로 정형화한다.

그대는 그릇된 길을 가는 자이고 나는 바른길을 가는 자이다. 나의 주장은 옳고 그대의 주장은 그릇되었다.(DN. I. 8쪽, 66쪽 등)

붓다는 역사상 어느 누구보다도 일찍이 교조적 신념 체계가 가져올 수 있는 위험성을 간파하였다. 형이상적 문제에 관련한 주장들은 애초부터 증명될 수 있는 것이 아닌 까닭에 힘의 논리로 정당화되기 마련이다. 즉 힘과 권력이 강한 사람의 주장만이 살아남게 되고, 결국 그것은 타인을 억압하고 스스로를 경직되게 하는 방향으로 나아간다. 따라서 붓다는 경험 영역을 벗어난 일체의 논의에 대해 의도적으로 침묵(無記, avyākata)한다. 그는 우리의 삶이 황폐해지는 중요한 이유가 스스로의 한계를 망각하고 독단(獨斷)이라는 함정에 빠지는 데에 있다고 보았다. 그러한 이유에서 붓다는 내면에 도사린 편견과 집착부터 가라앉힐 것을 권한다. 괴로움에서 벗어나는 참된 지혜(paññā)는 외부 세계에 관련한 옳고 그른 견해들과는 무관하다는 것이다. 이와 관련하여 다음의 경구는 새겨둘 만하다.

잠 못 이루는 이에게 밤은 길고 지친 이에게는 지척도 천리이나니, 바른 진리를 알지 못하는 이에게 윤회의 밤길은 아득하다.(Dhp. 60 게송)

밤은 누구에게나 찾아오는 법, 그것을 편안한 휴면으로 보내느냐 그렇지 못하느냐는 스스로에게 달려 있다. 사실 인간에게는 스트레스성 질환과 같이 동물에게서는 찾아볼 수 없는 괴로움이 존재한다. 그런데 불행하게도 이러한 고통은 날이 갈수록 확산되는 추세이다. 과거의 궁핍을 떠올린다면 현대는 분명 축복의 시대라고 할 수 있다. 그러나 우리는 현대 문명의 화려한 뒤편에서 갖가지 심리적·정신적 고통을 덤으로 껴안은 채 살아가고 있다. 거기에는 자신과 타인을 있는 그대로 수용하지 못하는 그릇된 견해와 신념이 주요 원인으로 자리한다.

붓다가 제시한 명상(meditation) 관련 가르침을 한마디로 요약하자면 '잘 쉬는 방법'으로 정리할 수 있다. 편견과 독선을 쉬게 하여 참된 자신을 있는 그대로 보자는 것이며 또한 그것을 통해 진정한 행복을 얻자는 것이다. 붓다는 사물의 본래 모습에 대한 바른 이해를 얻지 못하는 한 만족한 삶을 살아갈 수 없으며, 또한 끝없이 이어지는 갈등과 번민의 사슬을 벗어날 수 없다고 지적한다. 바로 그것의 구체적 양상이 윤회(輪廻, saṁsāra)라는 구속의 사슬로 드러난다고 할 수 있다. 궁극의 이상으로 제시되는 해탈과 열반의 경지란 이와 같이 반복되는 갈등과 번민으로 벗어나는 것에 다름이 아니다. 그러한 맥락에서 붓다는 우리로 하여금 '괴로움을 극복케 하고 즐거움을 얻도록 하는 것(離苦得樂)'에 유일한 목적을 두었다고 할 수 있다.

45년에 이르는 붓다의 설법 여정에서 우리는 깨달음에 관련한 여러 내용을 듣는다. 그러나 『상적유경』에 제시되듯이 그의 모든 가르침은 사성제(四聖諦)에 대한 깨달음으로 집약될 수 있다(MN. I. 184쪽 이하). 즉 인간 존재가 괴로움에 노출되어 있다는 것(苦聖諦), 그것의 원인은 내면의 탐욕과 집착에 있다는 것(集聖諦), 그러한 괴로움은 극복될 수 있다는 것(滅聖諦), 그것을 극복하는 길이 존재한다는 것(道聖諦)에 대한 자각이었다. 사성제는 원래 고대 인도 의학에서 통용되던 치료 시스템이었다고 한다. 즉 치료의 과정을 단계별로 구분한 것으로, 질병의 증후에 대한 파악은 고성제에, 그것의 원인에 대한 분석은 집성제에, 치료가 지향하는 상태는 멸성제에,

치료의 방법은 도성제에 각각 해당된다고 한다. 붓다는 바로 이것을 인간이 겪는 보편적 괴로움에 대한 치료법으로 승화시켜, 스스로에게 열두 차례에 걸쳐 반복하여 적용하는 과정〔三轉十二行相〕을 통해 위없는 바른 깨달음〔無上正等正覺, anuttaraṃ sammāsambodhi〕을 선언하기에 이른다(SN. V. 422~423쪽).

붓다는 편견과 아집에 사로잡혀 있는 상태를 정신적 질환의 일종으로 간주한다. 이와 관련하여 『질병경』에는 다음과 같은 구절이 있다.

> 비구들이여, 신체적 질병에서 1년, 2년, 3년, … 10년, 20년, … 100년 동안 자유롭다고 인정하는 사람들을 볼 수 있다. 그러나 비구들이여, 아라한을 제외하고는 단 한순간도 정신적 질병에서 자유롭다고 인정되는 사람은 이 세상에서 찾아보기 어렵다.(AN. II. 143쪽)

붓다는 번뇌를 완전히 제거한 아라한을 제외한 모든 인간들을 정신적으로 건강하지 못하다고 본다. 즉 내면적인 불편함으로부터 자유로워질 필요가 있는 존재로 파악한다. 그러한 이유에서 그가 제시하는 가르침은 마음을 치료하는 방법이라는 의미를 지닌다. 현대를 살아가는 우리는 그 어느 때보다 격심한 내외의 갈등과 불화에 신음하고 있다. 바로 여기에서 우리는 치료자로서의 붓다를 강력히 요구하게 된다.

붓다 가르침의 목적

현실 삶과 붓다

붓다의 가르침을 집약하자면 무상(無常)·무아(無我)·연기(緣起)·사성제(四聖諦) 등으로 좁힐 수 있다. 그런데 과연 이들이 현실의 삶에 어떠한 보탬이 될 수 있는가. 이러한 가르침들로 인해 오히려 머릿속만 복잡해지는 것은 아닌가. 알쏭달쏭한 해설서들은 오히려 혼란을 가중시키는 경향이 있다. 그래서 내려지곤 하는 결론이 있다. '부처님은 저 높은 곳에 계시고 그분의 가르침을 따르기란 정말 힘들다.' 이러한 자포자기를 흔히 목격할 수 있다. 그러나 초기경전에 등장하는 붓다는 지극히 상식적인 수준에서 가르침을 펼친다. 항상 '상대방의 입장을 고려하여 처방책을 제시한(臨機應變 應病與藥)' 자상한 상담가이다.

쭐라빤타까(Cūlapanthaka)라는 머리 나쁜 출가수행자가 있었다. 그의 기억력은 단 한 구절의 경전도 외울 수 없을 정도로 심각했다고 한다. 그에게는 먼저 출가하여 아라한과(阿羅漢果)를 얻은 형이 있다고 전해지는데, 그의 형조차 그의 어리석음에 실망하여 환속을 종용했다고 한다. 절에서 쫓겨나 울고 있는 그를 발견한 붓다는 우선 얼굴에 묻은 먼지를 닦으라고 일렀다. 그런 다음 '먼지 닦음(rajoharaṇaṁ)'이라는 말을 계속해서 되뇌도록 하였다. 그러자 쭐라빤타까는 먼지가 닦여 없어지듯이 마음의 번뇌와 어리석음도 사라질 수 있다는 사실을 자각하게 된다. 이러한 체험을 통해 그는 무상의 도리를 깨우치게 되고 마침내는 아라한의 경지에 이른다.

이 이야기는 궁극의 깨달음이 머리의 좋고 나쁨과는 상관없다는 것을 보여 준다. 사실 붓다는 이지적인 능력(intellectual capacity)보다는 심리적인 안정(mental stability)을 더욱 중요시한다. 즉 어떠한 가르침을 잘 이해하는가 혹은 그렇지 못하는가의 문제보다는 심리적인 태도와 마음가짐의 문제를 더욱 중요하게 여긴 것이다. 이 점은 『브라흐마상윳따』의 다음 구절에서도 분명하게 묘사된다.

탐욕과 분노에 사로잡힌 자들은 이 가르침을 깨닫기 어렵다. (중략) 어둠에 싸여 탐욕에 물든 자들은 보지 못한다.(SN. I. 136쪽)

이 시구는 깨달음을 얻은 이후 붓다가 처음 읊은 것으로도 유명하다. 여기에서 우리는 탐욕이나 분노와 같은 심리적인 문제가 걸림돌로 부각되고 있음을 확인하게 된다.

쭐라빤타까가 깨달은 무상의 도리는 결코 난해한 것이 아니다. 무상하다는 것은 곧 변화한다는 것으로, 그것을 이해하지 못할 사람은 없을 것이다. 그러나 우리는 현실의 삶에서 그것을 받아들이지 못하는 경우가 있다. 예컨대 명예라든가 신념 혹은 가치 따위에 병적으로 집착하는 경우가 그러하다. 그러한 경우 우리는 다른 사람들의 일에 대해서는 의연하게 대처하다가도 자신의 문제에 대해서는 평정심을 잃는다. '나에게 이런 일이 생기다니!' 여기에서 우리는 무상의 가르침을 제대로 소화하지 못한 스스로를 발견하게 된다. 사실 그러한 상황에 직면하여 동요하지 않기란 매우 어려운 일이라고 할 수 있다.

붓다의 가르침을 머리가 아닌 가슴으로 접근할 필요가 있다. 그것이야말로 현실의 삶에서 그의 가르침을 실현하는 첩경이 될 수 있다. 우리는 갖가지 문제에 노출되어 괴로움을 겪곤 한다. 그러나 감정에 좌우되어 현실을 직시하지 못한 채 문제를 더욱 어렵게 만드는 경우가 많다. 특히 인간관계에서 발생하는 대부분의 어려움이 이러한 과정을 겪으면서 막다른 길로 치닫는다. 따라서 각자 내면의 감정과 충동에 휩쓸리지 않는 것이 우선적으로 중요하다. 그러한 연후에 문제에 대한 올바른 해결책을 찾아야 할 것이다. 말 한마디가 천 냥 빚을 갚는다고 했다. 현실 삶에서 진정 요구되는 것은 옳다고 생각하는 그것이 아니라 자신과 타인을 감싸 안을 수 있는 정서적 안정과 공감일 수 있다. 마음의 고요함을 의미하는 사마타(止, samatha)와 통찰을 의미하는 위빠사나(觀, vipassanā)는 바로 그것을 위해 준비된 불교적 실천법의 전형이라 할 수 있다.

|

스스로와 화해하기

무상의 가르침이 그러하듯이 무아(無我) 또한 실천적인 맥락에서 접근할 필요가 있다. 우리는 대개 자신이 연루된 상황이나 사태에 대해서는 초연한 마음을 갖지 못한다. 개인적인 바람이나 의지가 개입되기 때문이다. 어떻게 해서든 자신에게 유리한 쪽으로 판단하거나 해석하려 한다. 그러나 우리가 접하는 현실이 우리의 의지대로 따라주는 것은 아니다. 잘못 생각한 만큼의 혹독한 대가가 기다리기 십상이다. 따라서 주관적인 관점을 배제한 상태에서 사물을 바라볼 필요가 있다. 더 이상 '나'를 개입시키지 말고 있는 그대로(yathabhūtaṁ)를 직시해야 한다.

이와 관련하여 정신분석가 비온(W. R. Bion)은 '통찰이란 생각하는 사람의 존재가 더 이상 필요하지 않게 되었을 때 가장 잘 떠오른다.'는 언급을 했다. 즉 특정한 입장에 사로잡히지 않은 상태가 될 때 비로소 있는 그대로를 기민하게 바라볼 수 있다는 이야기다. 이러한 언급은 초기경전에서 설하는 무아의 가르침에 매우 근접한 것으로 여겨진다. 우리는 편협한 생각들로부터 벗어나 보다 넓은 시각으로 세상을 볼 필요가 있다. 거기에서 '고정된 실체로서의 자기〔我〕란 존재하지 않는다'는 무아의 가르침은 매우 유용한 지침이 될 수 있다.

현실적 삶의 맥락을 벗어나면 무아설(無我說)은 일종의 형이상학으로 탈바꿈한다. 그리하여 일상적인 자아마저 부정하는 사변적 논리로 탈바꿈하기도 한다. 유감스럽게도 우리 주변에는 무아를 그러한 방식으로 이해하는 경향이 없지 않다. 그러나 그것은 단멸론(斷滅論) 즉 '모든 것은 단절되어 소멸한다.'라는 논리와 다를 바 없다. 단멸론은 죽고 나면 그만이라는 허무주의 혹은 염세주의로 귀착되기 쉽다는 점에서 문제가 있다. 그러나 『자니사경』에 나타나듯이 붓다는 수많은 사람들의 전생(轉生)에 관한 이야기를 매우 상세하게 전한다(DN. Ⅱ. 200~219쪽). 무아는 육체적인 죽음으로 종결될 수 없는 개인 존재의 무한한 가능성을 나타내는 메시지로 이해됨이 마땅하다.

무아설의 본래 취지는 나의 것(mama) · 나(aham) · 나의 자아(me attā)에 대한 집착을 내려놓게 하는 데 있다. 예컨대 재산이나 명예 혹은 신분상의 손실이나 불이익은 우리에게 큰 고통을 안겨줄 수 있다. 특히 '나의 것' 혹은 '나'에 대한 집착이 강한 사람에게는 그 괴로움이 더욱 크게 느껴질 것이다. 살아 있는 그대로 지옥의 세계를 경험하는 듯한 고통이 뒤따를 수도 있다. 명상가이자 심리학자인 마크 엡스타인(Mark Epstein)은 육도(六道)의 윤회(輪

廻) 세계를 바로 그러한 상황에 대한 불교적 은유(metaphor)로 해석한다. 그는 깨달음을 얻지 못한 모든 범부는 윤회의 세계에 갇혀 있으며, 그러한 의미에서 일종의 신경증적(neurotic) 상태에 처해 있다고 본다.

그에 따르면 지옥계(地獄界)는 공격적이고 편집증적인 상태로 격노와 불안의 심리에 지배되는 영역이다. 축생계(畜生界)는 식욕과 성욕 따위의 생리적 욕구에 압도된 상태로 감각적 쾌락만을 목적으로 하는 상태이다. 아귀계(餓鬼界)는 끝없는 공허감에 사로잡혀 현재에 만족하지 못하는 신경증적 상황을 반영한다. 천상계(天上界)는 감각적·심미적 쾌락에 경도되어 즐거움만을 탐닉하려는 성향에 연계된다. 아수라계(阿修羅界)는 공격적 본성에 사로잡혀 자신에게 거슬리는 일체의 장애물을 파괴하려는 가학적 심리를 반영한다. 마지막의 인간계(人間界)에서는 타인과의 관계 문제가 부각되며 있는 그대로의 자신으로부터 도피하려는 성향이 문제시된다.

'나의 것' 혹은 '나'에 대한 집착은 현실에 대한 불만족과 갈등을 증폭시키고 새로운 삶에 대한 끝없는 갈애를 불러일으킨다. 이러한 악순환으로부터 벗어나기 위한 방안으로, 마크 엡스타인은 스스로의 심적 상태와 화해해야 한다고 주장한다. 예컨대 스스로의 공격적 성향을 인정하고 반성하는 것을 통해 무의식적으로 표출되는 가학적 심리를 누그러뜨릴 수 있다는 것이다. 그는 이러한 체험이 고정된 실체로 믿어왔던 '자아' 혹은 '행위자'가

허상에 불과하다는 깨달음으로 연결될 수 있다고 본다. 즉 신경증적 상태의 해소를 통해 문제의 상황에 처한 자신이 본래적이지 않다는 자각을 일깨울 수 있다는 것이다. 이러한 무아 해석은 윤회계(輪廻界)에 갇혀 있는 허구적 자아의 비실재성을 매우 설득력 있게 묘사하는 것이라고 할 수 있다.

연기설의 이해

연기의 가르침 또한 실천적 맥락에서 접근할 필요가 있다. 초기 경전에 등장하는 연기설은 대부분 형이상학적 대립을 해소하는 차원에서 제시된다. 다음의 구절이 그것이다.

> 모든 것이 존재한다는 것도 극단적인 언급이요, 모든 것이 존재하지 않다는 것도 극단적인 언급이다. 여래는 이 두 가지 극단에 다가가지 않고 그 가운데서 진리를 드러낸다. 즉 무명(無明)을 조건으로 지음(行)이 있고, (중략) 태어남(生)을 조건으로 늙음·죽음·슬픔·비탄·괴로움·불쾌·번민 등이 있다.(SN. II. 17쪽)

이러한 방식으로 연기를 설하는 경전들에서는 상반되는 견해들을 내세운 연후에 본론으로 들어간다. 여기에서 '모든 것이 존재한다'는 주장은 상주론(常住論)에 속하고, '모든 것이 존재하지 않는다'는 주장은 단멸론(斷滅論)에 해당된다. 이들은 비록 간단한 형식으로 기술되지만 당시의 사상계를 대변하는 양대 위치에 있었다고 할 수 있다. 붓다는 이들과의 사변적 유희에 빠지지 않고 다만 우리의 삶이 괴로움에 처하는 과정에 주목했다. 그렇게 해서 제시되는 열두 단계의 연기를 요약하면 다음과 같다.

무명(無明)→ 지음(行)→ 의식(識)→ 정신·육체(名色)→ 여섯 가지 감각영역(六入)→ 접촉(觸)→ 느낌(受)→ 갈애(愛)→ 집착(取)→ 있음(有)→ 태어남(生)→ 늙음·죽음·근심·고통·번민(老死憂悲苦惱)

실천적 관점에서 연기설이 지니는 의의는 괴로움에 처한 현실의 발생 과정을 밝히고 그것에 대한 대처 방안을 제시한다는 데 있다. 첫 번째 지분(支分)인 무명에서부터 일곱 번째 지분인 느낌까지는 이전에 지은 행위(業力)와 밀접한 관련을 지닌다. 예컨대 열심히 노력한 대가로 좋은 환경을 성취하여 편안한 느낌을 향유하면서 산다고 치자. 노력은 지음(行)에 해당되고 의식(識)에서부터 느낌(受)까지는 생각하고 접촉하고 느끼는 일련의 과정을 가리킨다. 이들은 과거생에서든 현재생에서든 이전에 뿌려놓은 씨앗들이 현실의 삶으로 드러나는 과정에 해당한다. 그렇게 해서 드러나는 느낌은 지금 당장의 바람이나 의지와는 상관없이 다가오는 삶의 조건이라고 할 수 있다.

느낌이란 즐거운 느낌, 괴로운 느낌, 괴롭지도 즐겁지도 않은 느낌의 세 가지로 구분된다. 인간이 살아가는 각자의 모습은 매우 다양하지만 실제로 경험하는 내용들은 이러한 세 가지 느낌의 차원으로 환원될 수 있다. 어찌 보면 우리 범부의 삶이란 괴로운 느낌을 멀리하고 즐거운 느낌을 추구하는 과정과 다르지 않다고도 할 수 있다. 이러한 느낌의 발생과 관련하여 연기의 가르침이 전하는 일단의 교훈은 스스로 처한 삶의 조건이 이전에 지은 행위의 결과라는 것이다. 즉 현실에서 접하는 즐겁거나 괴로운 느낌들을 회피하지 말라는 것이다. 각자의 현실을 인정하고 분수에 맞는 삶을 살아가야 하는 이유가 바로 여기에 있을 것이다.

그러나 여덟 번째의 갈애(愛)에서부터는 인위적인 노력으로 바꿀 수 있다. 예컨대 특정한 느낌에 노출되는 상황은 강제로 막을 수 없지만 그것에 대해 어떠한 태도를 갖느냐는 의지에 따른 선택의 문제이다. 즐거운 느낌들에 대해 과도한 욕심을 부리거나 집착할 수도 있고 혹은 절제된 마음으로 의연하게 대처할 수도 있다. 이러한 방식으로 우리는 갈애 이하의 단계에서부터는 스스로의 의지를 적극적으로 발현하여 개입시킬 수 있다. 즉 동물과 같이 본능에 지배되어 살아갈 수도 있고 자신을 조절하면서 고귀한 삶을 가꾸어 나갈 수도 있다. 이렇게 해서 연기설은 인간 존재의 무한한 가능성을 일깨우는 가르침이 된다.

우리는 매 순간의 느낌을 곧바로 알아차려 그것의 노예가 되지 않도록 해야 한다. 초기불교의 위빠사나(vipassanā) 명상은 바로 그것을 위해 고안된 실천 방법이다. 우리는 느낌 자체를 있는 그대로 주시함으로써 그것이 야기하는 무의식적 반응들을 자제할 수 있게 된다. 이와 관련하여 초기경전에서는 다음의 가르침을 전한다.

> 즐거운 느낌(受)을 느낄 때 즐거운 느낌에 대해 알아차리지 못하면 탐욕의 부림(使)을 받아 거기에서 떠날 길을 보지 못한다. 괴로운 느낌(受)을 느낄 때, 괴로운 느낌에 대해 알아차리지 못하면 분노의 부림(使)을 받아 거기에서 떠날 길을 보지 못한다. (중략) 모든 느낌에 대해 알아차리면 현재의 법에서 온갖 번뇌가 아주 다하게 된다.(『잡아함경』권37, 1028경)

위빠사나의 실천을 통해 우리는 모든 느낌이 일순간에 일어났다가 사라지는 허망한 감각적 현상에 불과하다는 것을 체득하게 된다. 그리하여 그것에 얽매이지 않고 스스로의 의지에 따른 선택적 행위를 할 수 있게 된다. 즉 느낌(受) 이하의 단계에 속한 갈애(愛)와 집착(取)에 구속되지 않고 새로운 존재(有)로의 변신이나 탈바꿈(生)을 조절할 수 있게 된다. 나아가 최종적으로는 모든 괴로움의 근본 원인인 무명을 종식시키고 연기의 순환 자체를 멈추게 할 수 있다. 바로 이것이 실천적 관점에서 접근한 십이연기(十二緣起)의 핵심 내용이다. 이러한 연기 해석은 남방불교(Theravāda)의 전통적인 이해 방식으로, 위빠사나의 실천을 통한 현실 삶의 변화 가능성에 역점을 둔다는 점에서 주목할 만하다.

12단계에 이르는 연기의 진행에서 각각의 앞선 단계들은 뒤따르는 단계들의 조건(緣, paccaya)으로 기능한다. 이러한 방식으로 무명에서부터 늙음·죽음 등의 괴로움이 발생하게 되는 과정을 유전문(流轉門)이라 부른다. 또한 무명의 소멸로부터 일체의 괴로움이 소멸하게 되는 과정을 환멸문(還滅門)이라고 일컫는다. 유전문은 괴로움이라는 실존적 상황과 그것의 원인을 밝힌다는 점에서 사성제의 고성제(苦聖諦) 및 고집성제(苦集聖諦)에 해당한다. 한편 환멸문은 괴로움의 소멸 과정을 의미한다는 점에서 고멸성제(苦滅聖諦)와 고멸도성제(苦滅道聖諦)에 해당된다. 이러한 방식으로 연기의 가르침과·사성제는 동전의 앞뒷면과 같은 표리의 관계를 이룬다.

붓다의 깨달음에 관해서는 예로부터 여러 이견들이 있었다. 그중에는 연기를 깨달았다는 견해와 사성제를 깨달았다는 주장이 유력하다. 그러나 이상과 같이 실천적 관점에서 연기설에 접근할 때 양자는 결국 하나로 소통된다. 즉 붓다의 모든 가르침은 '괴로움을 극복하고 즐거움을 얻는 것'에 궁극의 목적을 두었던 것이다. 『상적유경』에 묘사되듯이 연기설을 비롯한 여타의 모든 가르침은 사성제라는 거대한 코끼리 발자국 안에 포함될 수 있다(MN. I. 184쪽 이하). 우리가 붓다의 가르침을 필요로 하는 현실적인 이유 또한 고(苦)·집(集)·멸(滅)·도(道)라는 사성제에서 그 해답을 찾을 수 있을 것이다.

붓다 가르침의 유효기간

나를 위한 가르침

붓다의 가르침은 아직 유효한가. 다소 도발적으로 느껴질 수 있는 질문이다. 그러나 급변하는 현대사회에서 불교의 미래를 걱정하는 사람이라면 진지하게 고민할 필요가 있다. 과연 붓다의 가르침은 오늘날에도 유용한가. 필자는 얼마 전 한 강연장에서 '현대사회와 불교'라는 주제로 발표를 한 적이 있다. 물질문명이 발달할수록 마음을 다스리는 일은 더욱 필요하며, 그러한 의미에서 붓다의 가르침은 더 한층 의미가 있다는 취지로 발표를 마쳤다. 그런데 강연이 끝나고 다음과 같은 질문을 받았다.

"다 좋은 말씀인데, 일부 불교계 지도층 인사들의 행실을 보면 시대를 선도하기는커녕 뒤처지지나 말았으면 하는 생각이 듭니다. 이런 식이라면 불교의 유효기간은 끝난 게 아닐까요?"

　다소 감정적인 어투였지만 뜨끔한 지적이 아닐 수 없었다. 오죽하면 저런 말이 나올까. 당장 나부터 생각해보자. 과연 내가 세상을 위해 얼마나 기여하고 있는가. 이타적(利他的) 삶을 외치지만 실제로 얼마만큼 그렇게 살고 있는가. 연기(緣起)의 가르침이 도대체 무엇이란 말인가. 이웃과 더불어 살아가라는 말씀이 아닌가. 독불장군으로 영원히 남아 있을 수 있는 존재는 없다는 의미가 아닌가. 이웃과 사회에 보탬이 되지 못하는 불교라면 결국 사라지고 말 것 아닌가. 짧은 순간에 여러 가지 상념들이 교차하였다. 그리고 이렇게 답했다.

　"훌륭하신 지적입니다. 불교계의 앞날을 위해 진지하게 고민해야 할 대목이라고 생각합니다. 불교인으로서 부끄러움과 분노를 느낍니다. 그러나 여기에서 우리는 불교가 누구를 위한 것인지 다시 한 번 생각해보아야 합니다. 불교는 '나' 자신에 대한 가르침입니다. 이 세상 어느 누구도 아닌 바로 '나' 자신을 위한 가르침입니다. 다른 사람들의 문제는 일단 당사자들의 몫으로 남겨둡시다. 정말 중요한 것은 밖으로 드러난 타인의 행실이 아니라 그것을 대하는 '나' 자신의 마음가짐과 태도라고 봅니다. 이 순간 '부끄러움'과 '분노'를 느끼는 '제 자신'을 보고 있습니다. 바로 여기에서 이러한 감정들에 휘둘리지 않는 것이야말로 매우 중요하다고 봅니다. 우리는 어떠한 상황에 처하든 자신의 마음부터 다스려야 합니다. 이것이 전제될 때 비로소 올바른 해결책을 구할 수 있기 때문입니다. 바로 이것이 붓다 가르침의 핵심이라 할 수 있습니다. 이러한 마음 닦음의 필요성이 인정되는 한에서 불교는 유용하리라고 봅니다."

|

부당한 사회 현실에 맞서다

앞서의 질문은 사회적 맥락에서 드러나는 불교계의 문제점을 지적한 것이었다. 따라서 답변이 과연 적절했는지 의문이다. 공적인 문제와 사적인 문제는 맥락이 다르기 때문이다. 사회적 차원의 문제를 처리하는 데서는 개인적인 감정이나 정서를 배제하는 것이 마땅하며 구조적인 접근이 필요하다. 다시 말해서 내면적인 안정과 평안을 유도하는 것만으로 불교의 사회적 역할을 다했다고 말할 수 없다. 어찌 보면 마음 닦음이란 개인적인 실천의 영역에 한정된다고 할 수 있다. 바로 이것이 사회적 비판 의식을 무디게 하는 방향으로 악용되어서는 안 될 문제이다.

초창기 붓다의 설법에서 가장 많은 비율로 나타나는 내용 중의 하나가 바라문교의 카스트(caste)제도에 대한 비판이다. 일찍이 인도 사회에는 태생에 의해 인간의 신분과 지위가 결정된다는 그릇된 믿음이 있었다. 성직자 계급인 바라문(Brāhmaṇa)은 태어날 때부터 고귀한 신분인 까닭에 스스로 다른 계급으로부터 존경받는 것이 마땅하다고 여겼다. 반면 대다수 하위 계급의 인간들, 특히 수드라(śūdra) 같은 노예 계급이나 최하층 계급(dalit)에 속하는 이들은 아예 인간으로 취급받지도 못했다. 그들은 불공평한 자신의 처지를 수긍하고 감내하도록 요구 받았으며, 힌두교의 가르침은 그들의 불만과 갈등을 잠재우는 데 악용되곤 하였다. 이러한 사회 현실에 대해 붓다는 다음과 같이 말했다.

> 태생(jāccā)에 의해 바라문이 되는 것이 아니며 태생에 의해 비바라문이 되는 것도 아니다. 행위에 의해 바라문도 되고 행위에 의해 비바라문도 된다.(Sn. 650 게송)

이는 고귀한 행동을 하는 사람만이 존경받는 지위에 있을 수 있다는 것으로, 그의 가르침이 부당한 사회 현실에 맞서는 것일 수 있음을 보여 주는 사례이다.

또한 붓다는 정치적인 문제에 관해서도 비중 있는 가르침을 남겼다. 그는 대중적 합의와 도덕적 순수성에 의해 권위를 인정받는 보편군주(轉輪王, cakkavatti)의 개념을 강조하였다. 왕이라고 하더라도 권력을 남용하거나 함부로 무력을 사용해서는 안 된다고 역설했다. 그는 모든 인간이 존중 받는 사회를 이상적인 국가 모델로 생각했다(DN. Ⅲ. 58쪽 이하). 이러한 가르침에 비추어 볼 때 붓다는 내면적인 수행을 빌미로 사회적 문제를 회피하거나 희석하지 않았음을 알 수 있다. 그의 가르침은 아쇼카(Aśoka) 왕에 의해 충실히 계승되었으며, 이후 인도뿐만 아니라 아시아 여러 나라의 군주관(君主觀)에 강력한 영향을 발휘하였다.

따라서 붓다의 가르침을 내면의 정서적 · 감정적 차원에 한정하는 것은 무리이다. 붓다의 실천과 수행이 내면의 감정을 다스리는 데 일단의 초점을 맞춘 것은 사실이다. 그러나 그는 거기에 머무르지 않았으며 정화된 마음을 바탕으로 사회적 변혁의 차원으로까지 나아갔다. 이러한 점에서 비폭력(ahiṁsa)과 청정한 행위(brahmacarya)를 강조했던 근대 인도의 정치가 마하뜨마 간디(Mahātma Gandhi)의 행적은 매우 주목할 만하다. 그의 삶은 내면을 정화하는 개인적인 수행이 사회적 차원으로까지 확대될 수 있음을 보여 준 훌륭한 사례라고 할 수 있다.

|

재가자를 위한 가르침

붓다는 재가자들의 경제생활에 관해서도 자세한 가르침을 남겼다. 예컨대 현재의 삶(現世, diṭṭhadhamma)에서 안락과 행복을 얻기 위해서는 다음의 네 가지를 갖추어야 한다고 했다.

첫째, 직업을 가져야 하며 근면하고 원기 왕성하게 일해야 한다. 둘째, 땀 흘려 벌어들인 소득을 정당하게 관리하고 보존해야 한다. 셋째, 바른길로 인도해 줄 친구를 사귀어야 한다. 넷째, 소득에 맞게 합리적으로 소비해야 한다.

한편 미래의 삶(來世, samparāya)에서 안락함과 행복을 가져오는 것으로는 다음의 네 가지를 거론했다.

첫째, 도덕적 · 정신적 가치를 믿고 신뢰한다. 둘째, 살생하고 훔치고 속이고 거짓말하는 등의 파괴적이고 해로운 생활을 멀리한다. 셋째, 재화에 대한 애착과 같은 망상을 내지 말고 관용으로 베푼다. 넷째, 번뇌를 없애고 열반의 경지로 이끌어 주는 지혜를 닦는다(AN. IV. 281~285쪽).

이러한 가르침은 현대적 시각에서 보더라도 매우 수긍할 만하다. 재가자로서의 삶을 유지하는 한 우리는 건전한 경제생활을 영위해야 한다. 현재의 삶에서 안락과 행복을 얻기 위한 네 가지 항목은 바로 거기에 초점이 맞춰졌다고 할 수 있다. 하지만 그러한 와중에도 정신적 가치를 잊어서는 안 되며 참된 삶의 의미를 구현하도록 노력해야 한다. 미래의 삶과 관련된 네 가지 항목은 여기에 해당한다고 할 수 있다. 따라서 붓다의 가르침은 현실과 이상의 조화로운 삶을 지향한다고 할 수 있다. 지난 역사를 통해 수많은 나라에서 붓다의 가르침이 바르게 수용되던 시기에는 국가적으로 흥성했던 시간이 뒤따랐다. 이것은 인도의 경우만이 아니라 중국·한국·일본 등 동북아의 여러 나라에서 공통적으로 목격된 사실이다. 거기에는 현실과 이상을 아우르는 불교적 가르침이 큰 역할을 했다고 할 수 있다.

붓다는 재가자의 일상적인 삶의 태도에 대해서도 구체적인 가르침을 남겼다. 즉 부모·스승·아내·친구·고용인·출가자 등에 대해 존경과 신뢰에 기초한 인격적 관계가 형성될 수 있도록 노력하라고 이른다(DN. III. 180~193쪽). 붓다는 청정한 삶의 이상을 위해 현실을 방기하라고 가르치지 않으며, 특히 재가자의 경우에는 물질적 빈곤이 미덕이 될 수 없다는 점을 분명히 한다. 이러한 사실은 명상가로서의 붓다가 결코 명상 자체에만 매몰되지는 않았다는 사실을 의미한다. 이것을 계승한 후대의 경전에서는 가난과 궁핍의 괴로움을 죽음의 괴로움과 동일시하기도 한다.

> 어떠한 법을 괴로움이라 하느냐. 이른바 빈궁이다. 어떤 괴로움이 가장 중하냐. 이른바 빈궁의 괴로움이다. 죽는 괴로움과 가난한 괴로움 두 가지가 다름이 없으니, 차라리 죽는 괴로움을 받을지언정 빈궁하게 살지 않으리.(금색왕경(金色王經), 大正藏 3권, 389쪽)

우리 주변에는 아직도 절대적 존재의 힘을 빌어 현실의 어려움을 해결하려는 미신적 관행이 남아 있다. 그러나 현실 세계에서 벌어지는 상황에 대해서는 냉철한 판단과 의지로 대응해야 한다. 다시 말해서 허황한 바람이나 탐욕을 개입시키지 말고 있는 그대로의 사실을 직시해야 하며, 또한 그러한 자세로 적극적인 문제 해결의 방안을 찾아야 한다. 물론 그 과정에서 마음의 평정과 유연성을 잃어서는 안 될 것이며 타인에 대한 아량과 배려도 잊지 말아야 할 것이다. 내면을 다스리는 방법으로써의 명상이 지닌 실제적 유용성 또한 여기에서 찾을 수 있을 것이다. 명상은 현실 문제를 도피하거나 은폐하는 수단이 아니며 그 반대로 건강하고 적극적인 삶을 위한 것이다.

괴로움의 발생과 소멸

붓다는 일정한 순서에 따라 가르침을 펼쳤다. 문헌상에 나타나는 일반적인 순서를 살펴보면 다음과 같다.

보시에 관한 가르침(施論, dānakatha)

↓

계율에 관한 가르침(戒論, sīlakatha)

↓

천상세계에 관한 가르침(生天論, saggakatha)

↓

사성제에 관한 가르침(四聖諦)

(DN. I. 110쪽 등)

'보시에 관한 가르침'이란 자애로운 마음으로 이웃에게 베푸는 것을 의미한다. '계율에 관한 가르침'이란 살생하고 훔치고 거짓말하는 등의 해로운 생활을 멀리하는 것을 말한다. 앞에서 언급했듯이 이들은 '미래의 삶'에서 안락과 행복을 얻기 위해 권장된 내용이다. '천상세계에 관한 가르침'이란 바로 그러한 행위를 통해 사후에 좋은 세상에 태어난다는 것을 내용으로 한다. 바로 여기까지는 다른 종교에서도 공통적으로 찾아볼 수 있는 윤리적 가르침에 해당한다.

붓다는 이러한 가르침을 통해 진리의 세계를 받아들일 수 있는 마음의 여건을 조성케 하였다. 그리하여 때가 무르익었다고 판단될 때 비로소 사성제의 가르침을 설했다. 따라서 이상의 내용은 사성제를 얻기 위한 예비적 과정에 해당한다고 할 수 있다. 사성제는 인간 존재의 보편적 괴로움을 극복하기 위한 체계적 과정으로 여타의 윤리적 가르침과는 근본적으로 다른 특징을 지닌다. 예컨대 '현재의 삶'과 '미래의 삶'에서 얼마간의 안락과 행복을 얻는다손 치더라도 그것은 일시적인 것에 불과할 수 있다. 우리는 끊임없이 나타나는 새로운 유혹과 번뇌에 노출되곤 하며, 그 와중에 언제든지 타락의 길로 접어들 수 있는 나약한 존재이다. 사성제는 이러한 인간 존재의 취약성을 근본적으로 극복하기 위한 가르침이다.

사성제는 괴로움(苦聖諦), 괴로움의 발생(集聖諦), 괴로움의 소멸(滅聖諦), 괴로움을 소멸하는 방법(道聖諦)이라는 네 가지 항목으로 구성되어 있다. 여기에서 '괴로움'이란 우리 존재가 피하고 싶은 상황에 끊임없이 노출될 수밖에 없고 종국에는 거기에 굴복할 수밖에 없다는 것에 대한 언명이다. 태어남·늙음·병듦·죽음으로부터 자유로운 사람은 없다. 어느 누구도 스스로 원해서 태어나거나 죽는 것은 아니며, 자신을 거스르는 운명 앞에서 헤아릴 수 없는 괴로움과 비애를 경험하게 된다. 붓다는 이러한 괴로움이 강화되는 원인을 쾌락에 대한 갈애(慾愛, kāma-taṅhā)·있음에 대한 갈애(有愛, bhava-taṅhā)·있지 않음에 대한 갈애(非有

愛, vibhava-taṇhā)에서 찾는다. 바로 이들은 '괴로움의 발생'에 관한 진리로 집약된다.

쾌락에 대한 갈애는 동물적 욕구에 지배된 상태로서 육체적 · 물질적 현상이 일시적이고 믿을 만한 것이 되지 못한다는 사실을 망각케 한다. 있음에 대한 갈애는 스스로를 영원한 존재로 믿고 집착하는 것으로 과대망상적 심리 상태와 연결되며 집요한 자기과시의 감정들을 부추긴다. 있지 않음에 대한 갈애는 바로 그것이 붕괴되었을 때 나타나는 자괴감과 열등의식으로서 자포자기적 심리 상태와 통해 있다. 이들 갈애에 휘둘린 개인 존재는 현실의 삶에 안주하지 못한 채 끝없는 괴리감에 시달린다. 스스로의 삶을 인정하지 못한 채 반복적인 불만과 불안과 회한 속에서 살아가는 사람들이 많다. 이는 사회적 지위라든가 환경적 요인과는 무관한 것으로, 주변의 부러움을 받으며 살아가는 사람들에게서 오히려 더 많이 목격되는 현상이다. 이렇듯 내면의 만족과 평정이 전제되지 않은 삶은 병적인 방향으로 나가기 십상이다. 괴로움의 소멸은 바로 이러한 갈애의 소멸에 다름이 아니다. 사성제를 집약한 『전법륜경』은 이것을 다음과 같이 직접적으로 묘사한다.

괴로움의 소멸이란 갈애에 관련한 남김 없는 탐욕의 소멸 · 포기 · 버림 · 해탈 · 집착 없음이다. (SN. V. 421쪽)

대부분의 현대인은 풍요로운 물질적 여건 속에서 살아가고 있다. 그럼에도 행복하다고 느끼는 사람은 많지 없고, 오히려 예전에는 없었던 갖가지 스트레스와 신경증에 노출되어 있다. 현대적 삶에서 마음을 닦아야 하는 필요성이 강조되는 이유가 여기에 있다. 붓다의 가르침은 내면의 탐욕과 분노를 해소시켜 삶의 이상을 실현케 하는 방법론적 특징을 지닌다. 궁극의 목적으로 제시되는 열반 또한 '갈애를 버리는 것'에 다름이 아니다(SN. I. 39쪽 등). 사성제의 마지막 항목으로서 '괴로움을 소멸하는 방법'은 바로 그것을 실현하기 위한 여덟의 과정으로 구성된다. 바른 견해(正見)·바른 의향(正思惟)·바른 언어(正語)·바른 행위(正業)·바른 삶(正命)·바른 노력(正精進)·바른 마음지킴(正念)·바른 삼매(正定)가 그것이다.

바른 견해는 사성제 자체에 대한 최초의 이해를 의미한다. 이것은 길을 나서는 여행자가 그 목적지를 분명히 하는 것에 비유할 수 있다. 바른 의향에서부터 바른 노력까지는 본격적인 실천·수행을 위한 준비 단계에 해당한다. 이러한 일련의 과정은 계율의 준수와 더불어 내면의 태도를 다잡기 위한 세칙들로 구성된다(DN. II. 312쪽 이하 참조). 마지막의 바른 마음지킴과 바른 삼매는 이상의 내용을 내면화 하기 위한 실제적 과정이라 할 수 있다. 바로 이 두 항목이야말로 위빠사나(觀, vipassanā)와 사마타(止, samatha)라는 명상 수행의 본래 영역에 속한다. 초기불교의 실천 방법을 대변하는 사념처(四念處, cattāro satipaṭṭhānā)는 이러한 사마타와 위빠사나를 동시에 닦는 방법으로 고안되었다. 초기경전에서는 이 사념처가 출가수행자뿐만 아니라 일반 재가자에게도 개방되어 널리 행해졌다고 전한다(MN. I. 340쪽).

명상, 번뇌를 태워 없애다

메디테이션 · 디야나 · 쟈나 · 선

명상(瞑想)이란 문자적으로 '고요히 생각에 잠기는 것' 혹은 '고요히 생각을 가라앉히는 것'이라는 의미를 생각해 볼 수 있다. 이 말은 영어 메디테이션(Meditation)을 번역하는 과정에서 고안된 것으로, '깊숙이 생각에 잠겨 있는 상태'를 가리키는 라틴어 메디타리(Meditari)에서 유래했다고 한다. 현대 사전에 나타나는 설명 또한 '깊이 생각하는 것(to think seriously or deeply)'과 '특정한 대상에 주의를 고정하고 유지하는 것(to fix and keep the attention on one matter)'이라는 두 가지이다. 다소 생소하게 느껴질 수 있겠지만 명상이라는 말은 이처럼 서구적 전통에서 유래한다.

메디테이션에 비교적 정확하게 일치하는 인도의 산스끄리뜨어

(Sanskrit)로는 디야나(Dhyāna)가 있다. 『요가수뜨라(Yoga-Sūtra)』에서는 이에 대해 '의식의 작용이 한결같이 집중된 상태'로 풀이한다(YS. 3~2 게송). 이러한 언급은 앞서의 서구적 해설을 하나로 압축한 듯한 간명함을 느끼게 한다. 즉 특정한 대상을 깊이 생각하는 것과 그것에 집중하여 주의를 고정시키는 것은 동일한 맥락이라고 할 수 있다. 한편 초기불교의 경전어(經典語)인 빨리어(Pāli)에서는 디야나를 쟈나(Jhāna)로 부르는데, 선나(禪那)·선(禪)·선정(禪定)·참선(參禪) 등은 이것의 한역 음사(音辭)에 해당된다. 명상이라는 용어가 서구적 전통에 기인한 것이라면 선정이니 참선이니 하는 말들은 동양적 전통에 뿌리를 둔 유사 용어이다.

『빠띠삼비다막가』라는 경전에서는 쟈나에 '여실하게 숙고한다(jhāyantīti dhammā).'라는 뜻과 '번뇌를 태워 없앤다(jhāpetīti kilese).'라는 두 가지 의미가 있다고 기술한다(Ps. II, 44~45쪽). 바로 이것은 앞에서 언급한 메디테이션의 두 가지 설명과 일치한다. 즉 '여실하게 숙고하는 것'은 '고요히 생각에 잠기는 것'과 동일한 맥락이라고 할 수 있다. 또한 '번뇌를 태워 없애는 것'은 부정적인 사고(思考)를 멎게 한다는 것으로 '고요히 생각을 가라앉히는 것' 혹은 '주의를 집중하여 고정시키는 것'에 부합한다. 메디테이션과 쟈나는 상이한 종교적 전통에서 배태된 것으로 지향하는 목적이 다르다고 할 수 있다. 그럼에도 이와 같이 양자는 근접한 의미와 용례를 보인다.

생각에 잠기는 것과 그것을 가라앉히는 것은 일견 상반된 뜻으로 이해될 수 있다. 그러나 이러한 불일치는 쟈나를 몇 가지 단계로 나누어 설명하는 초기불교의 가르침을 통해 해소될 수 있다. 예컨대 초기경전에서는 낮은 단계의 선정(初禪)에서는 생각(vitakka)을 일으켜야 한다고 설명하는 반면에, 그 이후의 보다 집중된 선정 단계(第二禪 이상)에서는 언어적 사고(語行, vacīsaṅkhārā) 즉 생각 자체가 정지한다고 가르친다(Ps. I. 99쪽; MN. I. 296쪽; SN. IV. 217~218, 220, 227, 228쪽 등). 이것은 생각에 몰입해 들어가는 단계와 그러한 생각이 멈추게 되는 일련의 과정을 지시한다고 할 수 있다. 처음 명상을 행할 때에는 의도적으로 특정한 생각을 일으켜 마음을 집중해 나가지만, 명상이 무르익어 충분히 몰입된 상태가 되면 생각 자체가 저절로 멈추게 된다는 것이다.

정리하자면, 명상이란 '특정한 생각을 일으켜 거기에 몰입하고 마침내는 생각 자체가 멎는 상태에 이르게 하는 것'으로 요약할 수 있다. 『요가수뜨라』에서는 그렇게 해서 생각이 멈춘 경지를 삼매(三昧, samādhi)로 표현한다. 즉 '〔집중의〕 대상만이 홀로 빛나고 〔집중하는 마음〕 자체는 없어진 것 같이 된 상태가 바로 삼매이다(YS. 3-3 게송).'라고 설명한다. 이러한 경구를 통해 동서양을 막론하고 이 분야에 관련한 유사 전통이 존재했음을 알 수 있다. 명상이든, 선정이든, 삼매든, 내면의 평안과 지혜를 얻기 위한 실천적 방법들이 이질적인 여러 문화권에서 계승되어 온 것이다.

동서양의 명상

서구적 전통에 따르면 명상이란 신의 은총에 의해 신과 직접적으로 만나는 체험을 지향한다. 그런데 이것을 나타내는 또 다른 용어로 관상(觀想, contemplation)이라는 말이 있다. 명상과 관상은 종종 혼용되기도 하지만, 일반적으로 전자는 후자의 상태를 이끌어내기 위한 과정으로 묘사된다. 관상이란 라틴어 컴(cum, with)과 템플럼(templum, a consecrated place)의 합성어로 '명상의 실천에 의해 얻어진 신성한 영적 상태(spiritual state)'로 설명된다. 특히 일신교 전통에서는 이것을 '신의 은총에 의해 드러난 신비로운 축복의 비전(vision)을 누리는 상태'로 부르기도 한다.

한편 동양 전통의 선정(jhāna)은 내면의 동요가 가라앉은 평정의 상태를 목적으로 한다. 앞서 『요가수뜨라』를 통해 밝혔듯이, 그렇게 해서 얻어진 마음의 경지를 일컬어 삼매라고 한다. 초기불교나 요가학파에서는 공히 인간의 마음에 여러 층이 존재한다고 본다. 즉 일반 범부의 생각과 의식은 탐욕과 분노 따위의 부정적 정서에 끊임없이 노출되며 또한 거기에 오염될 수 있다고 여긴다. 따라서 그러한 의식의 지평을 넘어선 연후라야 비로소 참된 실재(reality)를 깨달을 수 있는 여건이 조성된다고 본다. 이러한 동양적 전통에서는 번뇌에 물든 마음을 가라앉히는 것이 일단 중요하다. 선정 혹은 명상이란 바로 그것을 실행에 옮기기 위한 방법이며 삼매란 그 결과로 얻어진 상태를 가리킨다.

서구적 전통에서 볼 때, 생각이 멈춘 경지를 의미하는 삼매란 단순히 무기력해진 상태로 오해될 여지가 있다. 그러나 삼매 체험은 단순히 생각이 가라앉은 상태만을 추구하는 것이 아니며, 존재의 실상을 꿰뚫는 지혜(般若, paññā, prajñā)의 획득을 최종 목적으로 한다. 즉 번뇌가 가라앉은 상태에서 발현되는 진리의 체험에 궁극의 목적을 둔다. 한편 동양적 전통의 불교나 요가학파에서 볼 때, 신과의 만남을 의미하는 관상이란 일종의 들뜬 상태로서 무언가에 홀려 있는 상황으로 오해될 여지가 있다. 그러나 관상 체험을 전하는 문헌들에서는 그러한 와중에 주객의 대립이 사라지고 자아의 느낌이 완전히 사라지는 무아(無我)의 상태가 나타난다고 언급한다. 이러한 사실은 양자가 상이한 전통에 속함에도 불구하고 완전히 다른 것으로 취급될 수는 없다는 것을 시사한다.

　　명상은 동서양 모두에서 자신들의 고유한 종교적 가르침을 내면화하기 위한 수단으로 계승·발전되어 왔다. 물론 거기에는 교리적·형이상학적 입장의 차이가 엄연히 존재한다. 특히 서구적 전통은 인격적 유일신을 전제로 하는 반면에, 동양적 전통은 그러한 존재를 인정하지 않는 무신론적 경향이 짙다. 그러나 동양과 서양의 전통은 현실의 유한성을 인정하고 그것을 넘어선 경지의 획득을 목적으로 한다는 점에서 공통적이다. 즉 명상의 실천을 이기적 자아 관념의 해체에 결부시킨다는 점에서 소통의 가능성을 남긴다. 명상이란 자기 본위적인 사고의 족쇄로부터 벗어나 궁극의 실재에 도달하기 위한 실천적 행위로 정리할 수 있다.

|

명상과 종교 전통

명상 관련 가르침은 인류 정신사를 통해 계속되어 왔으며, 시대와 장소에 따라 각기 다른 방식으로 구체화되는 과정을 밟았다. 이들에 대해서는 각자의 독특성을 고려하여 유형별로 구분하는 것이 가능하다. 특히 세계의 주요 종교 전통을 명상이라는 테마에 결부시켜 이해해 보는 것은 흥미로운 일이다. 오늘날까지 전해지는 주요 종교들의 실천 양식을 특징별로 구분하면 다음과 같은 세 가지 갈래가 드러난다. 내향적 명상, 외향적 명상, 중도적·초월적 명상이 그것이다.

　내향적 명상이란 일상에 대한 반성을 특징으로 한다. 이것은 앞서의 '고요히 생각한다(to think seriously).'라는 사전적 정의와 일치하는 명상 유형이라 할 수 있다. 이를 현존하는 종교적 가르침과 연관시키면, 현실 삶에서 도덕적·윤리적 반성을 강조하는 경우를 꼽을 수 있다. 예컨대 유교에서는 특정한 형식에 구애됨이 없이 스스로에 대한 성찰을 중요시한다. 일상에 대한 반성을 통해 자신을 다스리고(克己) 이것을 기반으로 인간의 보편성(天命)을 추구한다. '모든 악을 짓지 말고 온갖 선을 받들어 행하라.'는 초기불교의 윤리적 가르침이라든가(『증일아함경』, 제1권;

Dhp. 183 게송 등), 사회적인 의무와 명예를 강조하는 힌두교의 『바가바드기따(Bhagavad-Gītā)』에 나타나는 행위 윤리도 이러한 내향적 명상에 연결시켜 볼 수 있다(BG. 2-33 게송 등).

한편 외향적 명상의 전형적 사례로는 기독교 · 이슬람교 · 유태교 등의 유일신교와 대승불교의 정토교(淨土敎) 등을 생각해 볼 수 있다. 이들 전통에서는 절대적 존재에게 귀의하는 방법론적 특징이 부각된다. 외향적 명상에서는 기도나 염불 따위의 의례적 행위가 수반되는 것이 일반적이다. 특히 아미타불(阿彌陀佛, Amitābha-Buddha)에 대한 염불을 위주로 하는 정토교에서는 현실의 고통마저 아미타불에게로 가기 위한 과정으로 인식한다. 그리하여 일체의 모든 것이 아미타불의 화현(化現, avatāra)으로 체험되는 경지를 지향한다. 외향적 명상은 절대적 존재에게 몰입하는 특징을 지니는 동시에, 바로 그 속에서 자신의 의미를 실현하고자 한다는 점에서 공통적인 면모를 지닌다. 거기에서는 절대적 존재와의 관계, 즉 믿음(信, faith, bhakti)의 문제가 무엇보다도 중요한 덕목으로 부각된다.

마지막으로 중도적 · 초월적 명상은 일상적인 사고의 지평 자체로부터 벗어나는 것을 목적으로 한다. 즉 번뇌에 물든 사고와 정서에 매이지 않는 상태를 지향하는 명상 유형이 여기에 속한다. 『요가수뜨라』에 기반을 둔 요가학파(Classical Yoga)와 초기불교의 경우를 전형으로 꼽을 수 있다. 이러한 입장은 '요가란 마음작용의 가라앉힘이다.'라는 『요가수뜨라』의 유명한 경구를 통해 집약할 수 있다(YS. 1-2 게송).. 요가학파에서 제시하는 여러 유형의 호흡법(prāṇāyāma), 집중법(dhāraṇā)은 바로 이를 실현하기 위한 방법이다. 한편 위빠사나(vipassanā)로 대변되는 초기불교의 실천·수행 또한 망상과 아집으로부터 벗어나는 것을 일차적인 목적으로 한다. 이를 위해 위빠사나 명상에서는 있는 그대로(yathabhūtaṁ)의 사실만을 관찰하라고 가르치며, 알아차림(知, sampajañña)과 마음지킴(念, sati)이라는 고유의 심리적 기능들을 강조한다.

명상과 요가의 갈래

이상과 같이 세계의 주요 종교를 명상이라는 명칭으로 구분해 보는 것이 가능하다. 그러나 이것을 획일적으로 적용하는 데에는 어려움이 따르며 다른 분류법을 사용할 수도 있다. 실제로 비베까난다(Vivekānanda, 1863~1902)와 같은 현대의 힌두교 사상가들은 『바가바드기따』와 『요가수뜨라』에 근거하여 세계의 정신적·종교적 가르침을 네 가지 요가(yoga)로 갈래지은다. 그에 따르면 요가란 앞에서 논의한 명상 개념과 동일한 의미를 지니며, 지혜의 요가(jñāna-yoga), 헌신의 요가(bhakti-yoga), 행위의 요가(karma-yoga), 라자요가(rāja-yoga) 등으로 구분될 수 있다. 이러한 네 가지 요가는 앞에서 언급했던 세 가지 명상과 유사한 맥락이며, 그들과 직접적으로 대비해 보는 것이 가능하다.

예컨대 지혜의 요가는 무지(無知, avidyā)의 타파를 통한 구원의 방법으로 앞서 언급한 중도적 · 초월적 명상과 친화적이다. 즉 깨달음을 강조하는 초기불교와 요가학파에서는 일상의 거친 생각과 감정들로부터 벗어나 참된 지혜를 얻는 것을 수행의 중심 과제로 상정한다. 한편 헌신의 요가는 신에 대한 믿음과 헌신 그리고 은총을 주된 실천적 내용으로 한다. 이것은 앞서의 외향적 명상 및 거기에 속한 여러 종교 전통에 부합한다. 또 한편 행위의 요가는 일상에 대한 성찰과 사회적 의무에 기반을 둔다. 이러한 내용은 내향적 명상에 상응하는 것이라 할 수 있으며 유교적 가르침 등에 연결할 수 있다. 마지막으로 라자요가는 위에서 언급한 세 가지 전체를 아우르는 성격을 지닌다. 또한 이것은 『요가수뜨라』에 등장하는 고유의 실천론을 별도의 체계로 내세워 일컫는 말이기도 하다.

『요가수뜨라』에서는 금계(禁戒, yama) · 권계(勸戒, niyama) · 좌법(坐法, āsana) · 조식(調息, prāṇāyāma) · 제감(制感, pratyāhāra) · 응념(凝念, dhāraṇā) · 선정(禪定, dhyāna) · 삼매(三昧, samādhi) 등의 여덟 가지 단계적 실천 항목을 내세운다. 최초의 금계와 권계는 수행자가 지켜야 할 계율 항목을 내용으로 하며 윤리적 실천 단계에 해당한다. 좌법 · 조식 · 제감은 육체를 다스리기 위한 다양한 포즈와 호흡법 및 이완법을 내용으로 하며 육체적 실천 단계에 해당한다. 마지막의 응념 · 선정 · 삼매는 마음의 동요를 가라앉히는 구체적 과정으로 심리적인 실천 단계에 속한다. 이들 여덟 가지 실천 항목은 앞서 언급했던 여러 부류의 요가를 포함한다. 즉 금계와 권계는 다시 청정(śauca), 만족(saṃtoṣa), 자재신에 대한 기원(īśvara-praṇidhāna) 등을 세부 내용으로 하는데(YS. 2~30 게송부터 45 게송까지), 이들은 헌신의 요가 및 행위의 요가와 중첩되는 성격을 지닌다. 한편 좌법에서부터 삼매에 이르는 일련의 단계들은 지혜의 요가에 이르는 과정으로 이해해도 무방하다.

그런데 이러한 세 가지 요가에 의한 분류 또한 도식적인 느낌이 없지 않다. 더욱이 모든 종교를 일반화하여 명상 혹은 요가라는 명칭만으로 포함하는 데에는 무리가 따르는 것이 사실이다. 왜냐하면 내향적 명상이라든가 외향적 명상 및 요가의 부류들은 그들이 속한 종교 전통 안에서 주된 실천으로서의 지위를 확보하지 못하기 때문이다. 예컨대 유교라든가 기독교 등의 전통에서 앞서 기술했던 명상 관련 내용들은 중심적안 위치를 차지한다고 보기 힘들다. 그들의 종교적 실천은 명상이라든가 요가라는 말을 굳이 사용하지 않더라도 그 특징을 묘사하는 것이 가능하다.

그러나 중도적 · 초월적 명상이라든가 지혜의 요가 혹은 이들 모두를 포함하는 라자요가 등은 사정이 다르다. 특히 초기불교와 요가학파는 전형적인 명상 종교로서의 면모를 드러낸다. 이들은 거친 의식의 지평으로부터 그것이 가라앉은 고요한 마음에 이르기까지 세부적인 단계들을 설정한다. 예컨대 초기불교에는 두 번째 선정(第二禪)에서는 언어적 사고(語行, vacīsaṅkhārā)가 멈추고, 네 번째 선정(第四禪)에서는 호흡을 포함한 육체적 움직임(身行, kāyasaṅkhārā)이 가라앉으며, 마지막의 멸진정(滅盡定)에서는 지각과 느낌이라는 마음의 움직임(心行, cittasaṅkhārā) 자체가 소멸한다고 가르친다. 나아가 이러한 선정들을 일련의 순서로 배열하여 아홉 가지 선정 단계(九次第定, nava-anupubbavihārasamāpatti)로 체계화한다(AN. IV. 410쪽; SN. II. 222쪽 등). 이와 같은 다양한 선정 혹은 삼매의 단계들은 『요가수뜨라』에서도 유사한 방식으로 기술된다(YS. 1-17, 18, 44 게송 등).

초기불교와 요가학파에서는 이러한 선정의 과정을 통해 감정적 · 정서적 동요들이 가라앉는다고 가르친다. 이와 같이 고요해진 심리 상태를 일컬어 사마타(止, samatha)라고 부르며, 또한 이 상태에서 진리를 꿰뚫는 지혜(prajñā)라든가 참된 자아를 식별하는 지혜(viveka-khyātir)가 발생한다고 언급한다. 양자가 지향하는 궁극적 목표인 열반(涅槃, nibbāna)이라든가 독존(獨存, kaivalya)의 경지는 이상과 같은 선정의 체험들을 바탕으로 획득될 수 있다. 이러한 구조로 이루어진 초기불교와 요가학파의 가르침은 명상의 본래적 의미에 매우 충실하다고 할 수 있다.

요가 vs 불교명상

요가와 불교명상

불교명상의 독특성은 무엇인가. 일단 고대 인도에서 유행했던 요가(yoga)와 관련시켜 생각할 필요가 있다. 불교 또한 인도에서 발생하였고, 요가로부터 적지 않은 영향을 받았기 때문이다. 일찍부터 요가의 스승들은 인간의 삶에서 괴로움이 발생하는 이유를 내부에서 찾았다. 즉 주변의 여건이라든가 타인을 탓하기에 앞서 자신의 몸과 마음부터 살펴보게 하였는데, 바로 그것이 요가라는 자기 조절의 방법으로 구체화되었다고 할 수 있다. 예나 지금이나 인간의 중심 문제는 자기 자신이며, 스스로의 족쇄로부터 자유로워지는 것이 가장 큰 과제 중 하나라고 할 수 있다. 따라서 인간 스스로를 다스리는 방법을 제시한 요가의 가르침은 여전히 유용성을 지닌다고 할 수 있다.

요가의 기원은 정확히 알 수 없으나, 대략 5,000년 전 인도에서 시작되었다는 것이 일반적인 견해이다. 예컨대 그 무렵의 인더스문명 유물 가운데 요가 포즈를 취한 신상(神像)이 발견되었으며, 이것은 요가와 비슷한 무언가가 그때부터 행해지고 있었음을 나타낸다. 한편 이보다 확실한 요가의 기원은 기원전 1,500년 무렵에 성립된 베다(Veda) 문헌에서 찾을 수 있다. 학자들은 거기에 나타나는 소마(soma)의식을 요가적 실천의 기원으로 간주한다. 제사 의례를 담당했던 제관들은 환각제의 일종인 소마라는 버섯즙을 마시고서 망아(ecstasy) 상태에 들어가곤 하였다. 이 소마 의식에는 단식이라든가 묵언 따위의 고행과 함께 주문의 암송이라든가 명상의 실천이 포함된다. 바로 이것이 후대에 이르러 발달된 요가의 원형일 것으로 추정된다.

요가의 구체적 용례는 기원전 5, 6세기 무렵의 우빠니샤드(Upaniṣad) 문헌군에 본격적으로 등장한다. 예컨대 『까타 우빠니샤드(Kaṭha-Upaniṣad)』에 다음과 같은 구절이 나타난다.

참 나(自我, ātmān)를 마차의 주인으로 알고 육체를 마차로 알라. 지성(知性, buddhi)을 마부로 알고 마음(意, manas)을 고삐로 알라. 〔다섯의〕 감각기관을 말로 알고 그것의 대상을 말이 달리는 길로 알라. (중략) 다섯 가지 감각기관이 마음과 함께 쉬고 지성도 작용을 하지 않을 때 이것을 최고의 경지라고 한다. 이렇

게 감각기관을 확고하게 억제하는 것을 요가(yoga)라고 한다.(KU. I. 3. 3~2. 3. 11)

여기에서 요가란 감각기관 · 마음 · 지성을 억제하여 동요 없는 상태에 이르는 것을 가리킨다. 즉 외부적 여건에 동요하지 않도록 내면의 심리와 정서를 조절하고 다스리는 것이 요가의 의미로 이해되고 있음을 확인할 수 있다.

'피할 수 없으면 즐겨라.'라는 말이 있다. 그렇게 하기 위해서는 포기할 것은 포기해야 하고 받아들일 것은 받아들여야만 한다. 우리는 주변 여건에 스스로를 적응시킬 줄도 알아야 하고, 부정적인 태도와 정서를 다스리는 방법도 배워야 한다. 그러한 연후라야 현실을 직시할 수 있을 것이고 또한 능동적으로 대처할 수 있을 것이다. '요가란 마음작용의 가라앉힘이다. 그때 보는 자(觀照者, draṣṭu)는 본래의 상태에 머물게 된다(YS. 1~2. 3게송).'라는 『요가수뜨라』의 유명한 경구는 바로 이러한 맥락으로 이해된다. 요가는 우리에게 어떤 거창한 환경적 · 물리적 변화를 요구하지 않는다. 다만 스스로를 조절하고 변화시킴으로써 '마차의 주인'으로 누리면서 살아가는 방법을 제시한다. 바로 이 점에서 일단 요가와 불교명상은 동일하다고 말할 수 있다.

요가 · 사마타 · 위빠사나

세상살이의 불공평이 자신에게만 억울하게 적용된다고 투정하는
사람이 있다고 치자. 이유 없는 무덤이 없듯 그러한 주장에도 나
름의 설득력은 있을 수 있다. 그러나 그러한 투정이나 불만은 당
사자의 태도라든가 마음가짐에서 기인하는 경우가 많다. 비슷한
어려운 여건에서도 긍정적인 마음으로 열심히 살아가는 사람들
을 목격할 수 있다. 불평불만에 사로잡힌 사람을 접하게 될 경우,
우리는 일단 진정하고서 무엇이 문제인지를 살피라고 충고한다.
그러나 그러한 상태에서는 어떠한 충고도 잘 받아들여지지 않는
다. 이것은 탐욕이나 분노에 사로잡힌 경우에도 마찬가지이다.
인간을 일컬어 이성적인 동물이라고들 하지만, 실제로는 감정적
· 정서적 요인에 더 많이 좌우되곤 한다.

　이러한 상황에 적용될 수 있는 명상이 사마타(止, samatha)이
다. 사마타란 부정적 사고와 정서를 가라앉힌 상태로서 평정 혹
은 고요함을 일컫는 전문용어이다. 사마타는 들뜨거나 흥분된 상
태를 가라앉히기 위한 여러 기법을 포함한다. 예컨대 마음의 안
정을 위해 내쉬는 숨을 일부러 길게 하는 호흡법이 있다. 혹은 특
정한 대상을 지속적으로 떠올려 거기에 몰입하는 방법이 있다.
사마타는 '마음작용의 가라앉힘'으로 정의되는 『요가수뜨라』의
가르침과 그대로 통한다. 또한 이것은 일정한 집중의 상태를 의
미하는 쟈나(禪, 禪定, jhāna)라든가, 모든 산란함이 멈춘 경지인

삼매(三昧, samādhi)까지를 포함한다. 즉 선정과 삼매는 사마타의 한 단면에 해당한다고 할 수 있다. 사마타는 내면적인 향상을 위한 첫걸음에 해당한다고 할 수 있다. 감정적인 동요와 흥분을 다스려야만 현실 여건에 올바른 대처가 가능하기 때문이다.

앞서 언급한 고대 요가 전통은 이러한 사마타에 초점을 모은다고 할 수 있다. 그러나 그렇게 해서 얻어진 평정과 고요함이 언제까지라도 계속된다는 보장은 없다. 한때 고요해진 마음이라 할지라도 내외의 여건이 변화하면 얼마든지 달라질 수 있다. 따라서 사마타 수행만으로는 영속적인 평안과 행복을 얻지 못한다. 그러한 이유에서 새롭게 고안된 명상이 위빠사나(觀, vipassanā)이다. 위빠사나란 있는 그대로(yathabhūtaṁ)를 여실하게 관찰한다는 의미이다. 즉 주관적인 바람이나 의지를 배제하고 사물의 본래 모습을 통찰한다는 뜻이다. 위빠사나의 실천을 통해 우리는 있는 그대로의 현실을 인정하게 되고 종국에는 탐욕과 불만 따위의 부정적인 정서를 내려놓게 된다. 그동안 선망해 왔거나 혹은 혐오해 왔던 그 무엇의 실체를 확인함으로써 탐욕도 분노도 불필요하다는 사실을 직접 체험하게 된다. 이러한 방식으로 위빠사나는 사마타를 통해 얻어진 평안의 경지를 더욱 확고하게 할 수 있다.

불교가 출현하기 이전의 요가 전통에서는 사마타 명상이 주류를 이루었다. 즉 있는 그대로에 대한 통찰보다는 내면의 고요함에 대한 추구가 우선시되었다. 그러한 상황에서 붓다는 위빠사나라는 새로운 방법을 고안하여 보급시켰다. 즉 사마타에 머무르지 않고 진리의 통찰로 나아가는 한층 더 업그레이드된 명상 기법을 가르친 것이다. 당연히 이 방법은 일대 반향을 불러일으켰고 다른 종파의 명상 기법에도 큰 영향을 미치게 된다. 이것은 초기불교 이후 기원후 4세기 무렵에 구체화된 요가학파의 가르침 또한 예외가 아니다. 예컨대 『요가수뜨라』에 나타나는 보는 자(觀照者, draṣṭṛ), 〔관조자로서〕 홀로 머무름(獨存, kaivalya), 진리를 식별하는 지혜(識別知, viveka-khyāti) 등의 비중 있는 용어들에서 위빠사나의 분위기를 느낄 수 있다. 이것은 고대 인도의 요가 전통에서 갈라져 나온 불교가 그 이후에 성립된 정통 요가학파의 가르침에 다시 중대한 영향을 끼쳤다는 사실을 의미한다. 불교명상은 요가라는 토양 위에 발생했지만 그것을 뛰어넘는 독특한 측면을 지닌다. 실재(reality)에 대한 통찰만이 내면을 다스리는 영속적인 처방이 될 수 있다는 인식을 요가계 전반에 확산시켰다.

위빠사나의 원리

초기불교의 명상 관련 가르침을 대표하는 경전으로 『대념처경(大念處經, Mahāsatipaṭṭhāna-Suttanta, DN. II. 290~315쪽)』이 있다. 거기에 알아차림(知, sampajañña)과 마음지킴(念, sati)이라는 심리적 기능이 반복적으로 등장한다. 바로 이들이 위빠사나 명상을 가능하게 하는 두 가지 원리이다. 먼저 알아차림부터 살펴보자. 이것은 몸과 마음에서 일어나는 제반 현상을 그때그때 명확하게 알아차리는 것이다. 이에 대해 경전에서는 다음과 같이 기술한다.

> 알아차림(知)이란 무엇인가. (중략) 나아갈 때나 물러날 때 알아
> 차림으로 행한다. 볼 때나 관찰할 때 알아차림으로 행한다. 구
> 부리거나 펼 때 알아차림으로 행한다. 겉옷과 발우와 옷을 착
> 용할 때 알아차림으로 행한다. (중략) 가거나 서거나 앉거나 잠
> 들거나 깨어나거나 이야기할 때나 침묵할 때에도 알아차림으
> 로 행한다. (중략) 이것이 알아차림이다.(DN. II. 292쪽)

인간은 배고플 때 밥 먹고 잠자고 싶을 때 자는, 그러저러한
일상으로 하루하루를 보낸다. 그리고 경험하는 현상들에 대해 대
부분 알아차리면서 지낸다고 생각하곤 한다. 그러나 일상의 삶에
서 순일한 알아차림으로 지내는 때가 과연 얼마나 되는지 돌이켜
볼 필요가 있다. 예컨대 밥을 먹는 경우, 밥을 먹는다는 사실을
전혀 알아차리지 못하는 것은 아니다. 그러나 반찬을 집거나 밥
알을 씹는 따위의 동작을 현재시점으로 지속적으로 알아차리며
먹는 시간은 극히 짧다. 우리는 밥을 먹는 대부분의 시간을 습관
적인 상념으로, 이러저러한 생각 속에서 번뇌와 더불어 먹는다.
다른 일상사도 대체적으로 마찬가지다. 알아차림을 유지하는 것
은 어떻게 보면 지극히 쉬운 일이다. 그러나 또한 이것은 결코 쉽
지만은 않은 것임에 분명하다.

인간은 현재의 순간을 살아간다. 그러나 인간의 마음은 과거

와 미래를 넘나들고, 그 와중에 자신도 모르게 과거에 대한 회한과 미래에 대한 기대에 휘말린다. 현재를 벗어나는 순간 갖가지 내면의 욕구와 불만과 흐릿함이 몰려든다. 백 년도 못 살 인생이 천 년 걱정을 하면서 산다고 했던가. 사실 우리가 느끼는 괴로움은 현재의 순간을 벗어남으로써 부풀려진 허상에 불과한 경우가 많다. 실제로 직면하게 되면 별 볼 일 없는 일들에 지레 겁을 먹고 허둥대는 양상이 다반사이다. 따라서 명확한 알아차림으로 현재에 머물 필요가 있다. 이것이 의도하는 것은 현재에 충실하여 습관적인 상념의 굴레에 얽매이지 말자는 것이다. 항상 깨어 있는 마음으로 사물과 자신의 본래 모습을 여실하게 보자는 의미이다.

한편 마음지킴(念, sati)이란 정처 없이 과거와 미래로 넘나드는 마음을 현재의 대상에 붙잡아두는 것을 말한다. 예컨대 좌선을 처음 해보는 사람은 자신에게 그렇게도 많은 잡념이 일어날 줄 몰랐다는 사실을 실토하곤 한다. 언제 잡념이 떠올랐는지도 모른 채 한참을 방황하고 난 연후에야, 비로소 잡념에 사로잡혀 있었다는 사실을 깨닫는 경우도 많다. 여기에서 '잡념에 사로잡혀 있었다는 사실을 깨닫는 것'을 알아차림에 비유할 수 있다면, 그러한 알아차림에 의해 '현재의 상태로 마음을 되돌리는 것'을 마음지킴이라고 할 수 있다. 더불어 '되돌린 마음을 일정하게 유지·지속하는 것'을 마음지킴이라고 한다면, 다시 '그러한 상태에 대해 분명한 앎을 지니는 것'을 알아차림이라고 할 수 있다. 이러한 방식으로 마음지킴(念)과 알아차림(知)은 위빠사나 통찰을 이끄는 양 날개 구실을 한다.

'마음지킴의 원래 의미는 잊지 않음(不忘, saraṇa)이다. 이것은 몸과 마음에서 발생하는 제반 현상들을 방기하지 않고 돌보는 것 (ārakkha)을 내포한다. 이 용어는 정신 차림 · 깨어 있음 · 새김 · 마음 챙김 등으로도 옮겨진다. 또한 이에 대해 경전에서는 '감관의 문을 지키는 문지기'에 빗대어 설명하곤 한다(SN. IV. 194쪽 등). 즉 눈 · 귀 · 코 · 혀 · 몸 · 마음의 영역에서 일어나는 여러 현상들에 대해 기민하게 주의를 기울이는 것으로 풀이한다. 마음 지킴은 여타의 심리적 요인들에 대해 영향을 미친다는 점에서 중요한 의미를 지닌다. 예컨대 탐욕이나 분노 따위의 부정적인 마음이 발생했을 때 그것을 지긋이 주시하다 보면 어느새 저절로 누그러져 있음을 경험할 수 있다. 따라서 마음지킴은 내면을 다스리는 심리적 제어 장치로 활용될 수 있다. 차후 살펴보겠지만, 현대의 심리치료에서 주목하는 위빠사나 명상의 치료 원리 또한 이 마음지킴에서 찾아볼 수 있다.

마음지킴은 위빠사나라는 말과 마찬가지로 불교명상을 특징 짓는 고유 용어이다. 그런데 이것은 위빠사나와 사마타 전체를 포함하는 쓰임을 보이기도 한다. 예컨대 위빠사나의 전형적인 실천 기법으로 알려진 사념처(四念處, cattāro satipaṭṭhānā) 수행을 풀어 옮기면 '마음지킴을 확립하는 네 가지 명상'이 된다. 또한 호흡에 대한 관찰 명상인 입출식념(入出息念, 安般守意, ānāpānasati)을 옮기자면 '들숨 · 날숨에 의한 마음지킴'이 된다. 이들은 초기불교의 대표적인 명상 기법으로 통찰을 의미하는 위빠사나와 평온을 의미하는 사마타의 경지를 포함한다. 즉 이들을 실천하다 보면 마음의 고요도 얻을 수 있고 사물의 실상에 대한 깨달음도 얻을 수 있다. 따라서 마음지킴은 위빠사나를 가능케 하는 핵심 원리인 동시에, 위빠사나와 사마타 모두에게로 연결되는 이중적 특성을 지닌다고 할 수 있다(AN. V. 99~100쪽 참조).

불교명상의 독특성

요가학파의 명상은 좌법(坐法, āsana)이라든가 조식(調息, prāṇāyāma) 따위의 육체적 수련 단계를 포함한다. 즉 몸의 긴장을 이완하기 위한 갖가지 포즈와 함께 호흡의 조절을 통해 심신의 안정을 꾀하는 다양한 기교를 가르친다. 이들 육체적 조절법은 본격적인 명상 수련의 예비적 과정으로 행해지곤 하였다. 이 방식은 명상을 처음 접하는 초심자나 건강이 허약한 사람들에게 많은 도움을 줄 수 있다. 수행자는 이러한 과정을 거쳐 선정(禪定, dhyāna)이나 삼매(三昧, samādhi)로 구성된 심리적 단계로 넘어간다. 이러한 요가학파의 가르침은 점진적이고 체계적인 특성을 지닌다고 할 수 있다.

이와 달리 불교명상은 오로지 정신적인 측면만을 강조하는 입장에 선다. 특히 위빠사나 명상에서는 육체를 조작하는 기법에 관한 일체의 언급을 삼간다. 모든 현상에 대해 좋으면 좋은 대로

싫으면 싫은 대로 다만 관찰할 것을 요구할 뿐이다. 이는 앞서 언급했던 입출식념(入出息念, ānāpānasati)에서도 마찬가지이다. 호흡을 길거나 짧게 조작하지 말고 있는 그대로 관찰하라고 가르친다. 그러한 와중에 내면의 감정과 정서를 왜곡 없이 지각하게 되고, 또한 무상(無常)·괴로움(苦)·무아(無我)의 진리를 깨닫게 된다고 가르친다. 위빠사나 와중에 인위적인 조작을 가하게 되면 관찰해야 할 현상들이 제대로 드러나지 않는다. 뿐만 아니라 그러한 조작 자체에 탐욕이라든가 분노 따위가 미세하게 스며들어 있을 가능성이 크다.

불교명상은 예비 과정을 필요로 하지 않는 다소 급진적인 성격을 띤다. 심지어 육체적인 통증이라든가 심리적인 갈등과 같은 부정적 현상들마저 통찰의 대상으로 삼는다. 모든 것을 있는 그대로 놔두고 관찰하는 까닭에 살아가는 전 과정을 명상의 대상으로 상정한다. 그런데 불교명상에서는 있는 그대로에 대한 통찰만으로도 부정적인 정서와 심리를 다스릴 수 있다고 본다. 예컨대 격앙된 감정이 발생했을 때 그것에 오롯하게 집중하는 것만으로도 평정을 되찾을 수 있다는 것이다. 이것은 격앙된 상태를 억지로 제거하려 해서 되는 것이 아니라, 그것 자체를 관찰 대상으로 삼는 까닭에 가능하다. 즉 감정의 발생과 변화와 소멸을 있는 그대로 주시함으로써 그 영향에서 벗어나게 된다.

초기불교 경전에는 이러한 방식으로 육체적·정신적 괴로움을 극복해 나가는 일화들이 여러 차례 소개된다(DN. II. 99쪽, 128

쪽, 140쪽, 158쪽, 162쪽 등). 불교명상은 육체에 대한 조절을 배제할 뿐 아니라, 육체에 대한 관심 자체를 위험한 것으로까지 본다. 그것이 새로운 탐욕과 집착으로 이어질 가능성을 간과하지 않는다. 불교명상은 요가학파와 달리 육체적 수련을 포함하지 않는다. 이것은 일견 편향된 가르침으로 오해될 여지마저 남기지만, 바로 여기에서 요가학파의 그것과 결정적으로 구분되는 독특성을 드러낸다. 육체적인 조절을 전제로 하는 명상은 개인적인 실천의 차원을 벗어나기 힘들다. 몸이란 어디까지나 개인적인 영역에 한정된 것이기 때문이다. 그러나 심리적 조절을 위주로 하는 명상은 타인과의 관계 문제에서 개방된 특성을 지닌다.

마음을 다스리는 데 주력하는 초기불교 명상은 심신의 건강은 물론 윤리적·사회적 차원으로까지 확대 적용될 수 있다. 탐욕(貪)·분노(瞋)·어리석음(癡) 따위는 개인의 내면에서 발생하는 것인 동시에 사회적으로도 악영향을 미칠 수 있는 요인들이다. 따라서 이들을 다스리는 것은 개인적인 삶을 바로 세우는 의미와 더불어 사회를 정화해 나가는 기초가 될 수 있다. 바로 이 점은 초기불교의 가르침이 인간의 삶에서 발생하는 거의 모든 영역의 문제들을 다룬다는 사실과도 무관하지 않다. 공히 전형적인 명상 관련 가르침으로 분류됨에도 불구하고, 불교명상과 요가학파의 그것이 결정적으로 다른 이유가 여기에 있다.

열반에 도달하기 위한 절차, 위빠사나

위빠사나란 무엇인가

위빠사나(vipassanā), 다소 생소한 느낌을 주는 이 명칭이 국내에 본격적으로 유통되기 시작한 것은 1990년대부터이다. 많은 한국인 수행자들이 미얀마(Myanmar)를 비롯한 남방의 불교 국가에 건너가 배워 왔고, 자신들의 수행 체험을 주변에 알리는 가운데 위빠사나라는 명칭을 각인시켰다. 이 명상은 몸과 마음에서 일어나는 제반 현상을 그때그때 알아차리고 관찰하는 것을 특징으로 하며, 초기경전에 나타나는 사념처(四念處, cattāro satipaṭṭhānā) 수행을 실제적인 내용으로 한다.

동북아시아의 대승불교권에서는 이 방법이 간화선(看話禪)이라는 독자적인 수행법에 가려져 잠시 망각되었지만, 남아시아의 상좌부(上座部, Sthiravāda, Theravāda) 불교권에서는 이것을 붓다가 직접 개발하고 유포한 명상으로 믿으며 계승해 오고 있다. 대승불교 영향 아래 있는 한국에서 위빠사나는 이질적인 느낌을 줄 수 있다. 그러나 위빠사나는 초기불교 이래의 전통적인 명상 기법을 가리킨다는 점에 유념할 필요가 있다.

위빠사나란 초기불교의 경전어인 빨리어(pāli)를 음역한 것이다. 이 용어는 두 개의 낱말이 결합된 합성어로, 위(vi)란 '나누다', '꿰뚫다', '벗어나다' 등을 의미하고, 빠사나(passanā)란 '관찰', '식별' 등을 의미한다. 따라서 위빠사나의 온전한 의미를 번역하면 '나누어 보는 것', '꿰뚫어 보는 것', '벗어나서 보는 것' 등으로 옮길 수 있다. 이러한 위빠사나의 가르침은 오로지 있는 그대로만을 관찰·자각케 한다는 특징이 있다. 이를 통해 제반 현상을 사실대로 수용하고 통찰하게 되며 종국에는 그것의 참모습을 깨닫게 된다.

초기불교의 궁극 목표로 제시되는 열반(涅槃, nibbāna)의 경지는 바로 이러한 과정의 연장으로 이해할 수 있다. 위빠사나에 숙달하게 되면 편견과 왜곡에서 벗어난 투명한 눈으로 사물의 참모습을 바라볼 수 있게 된다. 내면의 번뇌에 영향을 받지 않고 있는 그대로를 왜곡 없이 바라보는 방법을 배우게 된다. 위빠사나는 탐욕(貪)·분노(瞋)·어리석음(癡)의 소멸로 정의되는 열반의 경지에 도달하는 것을 궁극의 목적으로 한다(SN. IV. 251쪽). 또한 이 명상에는 열반을 실현하는 데 방해가 되는 요인들에 대한 기술적인 대처 방안이 포함된다고 할 수 있다.

인간은 변화무쌍한 삼라만상을 그 자체로 인식하지 못하고 변화하지 않는 무언가를 덧씌워 생각하는 경향이 있다. 즉 현상 너머에 존재한다고 믿어지는 고착화된 무엇 혹은 형이상학적 실체를 상정하고, 다시 그것으로부터 현실 세계를 설명하려는 부단한 사색의 여정을 되풀이하곤 한다. 바로 이것이 지난 역사를 통해 드러났던 동서양의 형이상학(形而上學)이라고 할 수 있다. 그런데 바로 거기에는 현실과 유리된 관념의 틀 안에 갇히게 될 위험성이 도사리고 있다. 즉 경험할 수도 접촉할 수도 없는 비현실적인 생각들에 얽매여 살아 숨 쉬는 현실의 세계로부터 유리될 가능성이 있다. 따라서 모든 선입견과 망상을 내려놓고 있는 그대로의 사실만을 바라보는 연습이 필요하다.

붓다는 현상 너머의 본질(substance)에 관한 어떠한 가정이나 신념도 독단(獨斷, dogmatism)으로 거부한다. 오히려 그는 일체의 고착화된 사고방식이 해소될 때 우리 앞에 놓인 고민거리들이 그 해결의 실마리를 드러낼 수 있다고 가르친다(SN. V. 418쪽 이하). 이러한 입장은 절대적 실체 혹은 본질에 대해 추구해 온 인류의 지성사에 비추어 볼 때 매우 독창적이라고 할 수 있다. 또한 이것은 근세에 이르러 부각된 현상학이라든가 실존철학 등에서 나타나는 반성적 동향과도 흡사한 면모를 지닌다. 이 점에서 붓다의 가르침은 2,500년이라는 세월을 거슬러 올라가는 경이로움을 지닌다. 눈앞에 벌어지는 현상들에 대해 스스로의 좁은 소견을 일단 접어두고서 바라볼 필요가 있다. 그렇게 할 때 비로소 일체를 포용할 수 있는 넉넉한 마음을 가질 수 있고, 참된 것과 참되지 않은 것을 올바로 식별하는 지혜(paññā)를 갖추어 열반이라는 목적지에 도달할 수 있다. 위빠사나 명상은 이를 실행에 옮기기 위한 절차라는 의의를 지닌다.

사념처와 위빠사나

위빠사나는 마음지킴(念, sati)과 알아차림(知, sampajañña)이라는 두 가지 심리적 기능에 의존한다. 지속적인 주의집중을 의미하는 마음지킴을 통해 특정한 대상으로 마음을 모으고, 그렇게 해서 집중된 마음으로 명확한 알아차림을 행하는 과정으로 이루어진다. 마음지킴과 알아차림은 위빠사나를 이끌어 가는 한 쌍의 바퀴에 해당한다고 할 수 있다. 초기경전에서는 양자에 의한 위빠사나의 관찰 대상을 다음의 네 가지로 구분한다. 몸(身, kāya)·느낌(受, vedanā)·마음(心, citta)·법(法, dhamma)이 그것이다(DN. II. 290~315쪽). 위빠사나의 실천에서 이들 네 가지는 집중된 마음으로 알아차려 나가야 할 대상이다. 예컨대 몸에 대해 마음지킴을 행하고 알아차리는 과정이 곧 위빠사나의 한 양상이 된다. 이러한 방식으로 느낌·마음·법에 대해 위빠사나를 행하는 전체 과정을 일컬어 사념처(四念處)라고도 한다.

심리적 기능이라는 측면에서 볼 때 위빠사나는 마음지킴과 알아차림이라는 두 가지 용어로 대체할 수 있다. 또한 관찰되는 대상에 초점을 맞출 경우 이것은 사념처라는 또 다른 이름으로 일컬을 수 있다. 사념처의 네 가지 대상은 위빠사나를 통해 주시하는 현상을 총괄적으로 아우른다. 『대념처경(大念處經, Mahāsatipaṭṭhāna-Suttanta)』에 따르면 이들 사념처의 네 가지 대상에는 자체적으로 구분되는 또 다른 세부 항목이 있다(DN. II. 291~314쪽).

〈참고 1〉에서 볼 수 있듯이 몸에 대한 관찰(身念處)은 호흡·동작·행동을 비롯하여 심장이라든가 콩팥 등과 같은 내부 장기(臟器)로 구성된 열네 가지 하위 항목에 대한 관찰로 구성된다. 이러한 하위의 개별적 관찰 대상들은 실제 수행의 와중에 취사선택되는 경우가 보통이다. 즉 호흡이나 동작 따위의 어느 하나만을 선택하여 지속적으로 주의를 기울이는 방식으로 위빠사나를 행하는 것이 일반적이다. 따라서 각각의 세부 항목을 빠짐없이 숙지할 필요는 없으며 자신에게 적합한 대상을 선택하여 지속적으로 관찰하는 것이 중요하다. 어떠한 대상을 골라잡아 위빠사나를 행하더라도 진리에 대한 깨달음은 가능하며 궁극의 목적인 열반에 도달할 수 있다는 의미이다.

이러한 관찰 대상들과 관련하여, 『청정도론(淸淨道論, Visuddhimagga)』에서는 다음과 같은 주목할 만한 가르침을 전한다. 의심이 많은 사람(疑行者)과 생각이 많은 사람(尋行者)은 호흡을 대상으로 삼아 위빠사나를 행하는 것이 바람직하고, 욕심이 많은 사람(貪行者)은 내부의 장기라든가 죽은 시체 따위의 부정한

사념처의 네 가지 대상

1. 몸에 속한 관찰 대상(身念處)
> ① 들숨과 날숨
> ② 몸의 동작
> ③ 몸에 의한 행동
> ④ 몸을 구성하는 서른두 가지 요소
> ⑤ 몸의 네 가지 특성(四大)
> ⑥ 죽은 시체
> ⑦ 죽은 시체를 짐승들이 쪼아 먹는 모습
> ⑧ 해골에 살과 피와 힘줄이 뒤엉켜 있는 모습
> ⑨ 해골에 피와 힘줄이 뒤엉켜 있는 모습
> ⑩ 해골에 힘줄만 남아 붙어 있는 모습
> ⑪ 해골과 뼈가 흩어져 있는 모습
> ⑫ 해골이 하얗게 바랜 모습
> ⑬ 해골이 뼈 무더기로 변한 모습
> ⑭ 뼈가 삭아 티끌로 변한 모습

2. 느낌에 속한 관찰 대상(受念處)
> ① 즐거운 느낌
> ② 괴로운 느낌
> ③ 즐겁지도 괴롭지도 않은 느낌
> ④ 육체적인 즐거운 느낌
> ⑤ 정신적인 즐거운 느낌
> ⑥ 육체적인 괴로운 느낌
> ⑦ 정신적인 괴로운 느낌

⑧ 육체적인 즐겁지도 괴롭지도 않은 느낌

⑨ 정신적인 즐겁지도 괴롭지도 않은 느낌

3. 마음에 속한 관찰 대상(心念處)

      ① 탐욕이 있는 마음

      ② 탐욕이 없는 마음

      ③ 분노가 있는 마음

      ④ 분노가 없는 마음

      ⑤ 어리석음이 있는 마음

      ⑥ 어리석음이 없는 마음

      ⑦ 침체된 마음

      ⑧ 산만한 마음

      ⑨ 부풀린 마음

      ⑩ 부풀리지 않은 마음

      ⑪ 위가 있는 마음

      ⑫ 위없는 마음

      ⑬ 고요한 마음

      ⑭ 고요하지 않은 마음

      ⑮ 해탈한 마음

      ⑯ 해탈하지 못한 마음

4. 법에 속한 관찰 대상(法念處)

      ① 다섯 가지 장애(五蓋)

      ② 다섯 가지 집착된 경험요소(五取蘊)

      ③ 여섯 가지 터전(六入處)

      ④ 일곱 가지 깨달음의 조목(七覺支)

      ⑤ 네 가지 거룩한 진리(四聖諦, 八正道 포함)

모습을 관찰하는 것이 바람직하다고 가르친다(Vism. 114쪽). 이는 사념처에 속한 각각의 항목들이 수행자의 성향에 따라 달리 채택되어야 한다는 것을 의미한다. 의심이 많거나 생각이 많은 사람들은 일단 그러한 의심이나 생각을 가라앉히는 것이 중요하다. 그렇게 하자면 시시각각으로 변하는 매순간의 호흡에 오롯하게 집중해야 한다. 한편 욕심이 많은 사람들은 그러한 욕심을 상쇄시킬 무언가가 필요하다. 따라서 욕심을 충동질하는 주요 요인인 육체에 대해 불결함을 통찰하는 방법이 권장된다. 이러한 과정을 거치면서 수행자는 탐욕이라는 정서를 다스릴 수 있게 되고, 종국에는 일체의 현상에 대해 무상(無常)·무아(無我)의 진리를 터득하게 된다.

앞서 보았듯이 사념처의 나머지 항목인 느낌·마음·법 따위도 개별적인 세부 내용을 지닌다. 느낌에 대한 관찰(受念處)은 즐거운 느낌·괴로운 느낌·즐겁지도 괴롭지도 않은 느낌 등의 아홉 가지로 세분화되며, 마음에 대한 관찰(心念處)은 탐욕·분노·어리석음 따위의 열여섯 가지로, 법에 대한 관찰(法念處)은 다섯 가지 장애(五蓋)·사성제(四聖諦) 등의 다섯 가지로 구분된다. 그런데 이러한 나머지 항목은 몸에 속한 것들과 달리 수행의 와중에 자연스럽게 나타나는 단계적 대상들이라고 할 수 있다. 예컨대 처음 잠간 명상에 임할 때에는 누구나 일시적으로 편안하고 즐거운 느낌을 체험하게 된다. 그러나 하루, 이틀, 사흘, 계속해서 집중적인 명상을 하다 보면 견디기 힘든 지루함과 함께 온 몸이 결리고 쑤시는 괴로운 느낌을 경험하게 된다. 그리고 다시 한 달, 두 달, 세 달이 지나면 대부분의 육체적 괴로움이 가라앉은 상태에서 즐겁지도 괴롭지도 않은 미묘한 느낌들을 체험하게 된다. 이러한 느낌들 모두는 그 자체로서 위빠사나의 대상이 되어야 한다. 한편 즐겁지도 괴롭지도 않은 느낌의 경우는 일상에서는 잘 포착되지 않고 고도의 집중 상태에서만 관찰이 가능하다. 이 단계에서는 내면의 평온을 의미하는 사마타(止, samatha)와 통찰을 의미하는 위빠사나가 동시적으로 병행된다고 할 수 있다.

그러나 다른 한편으로 마음(心)에 속한 세부 항목 중 탐욕이나 분노는 일상적인 거친 심리에 속한다. 즉 고도로 집중된 상태에서는 탐욕이라든가 분노 따위가 존속하지 않는다. 따라서 마음에 대한 관찰에서는 사마타에 의한 집중 상태가 반드시 요구되는 것이 아니며, 다만 자연스럽고 유연한 마음가짐으로 기민한 알아차림을 유지해야 한다. 이것은 탐욕과 분노가 생겨났다고 하더라도 그들을 억압하거나 회피하려 하지 말고 있는 그대로 주시하라는 의미이다. 이러한 과정을 거치면서 수행자는 내면의 번뇌가 덧없이 변한다는 사실과 함께 저절로 누그러져 해소되는 체험을 하게 된다.

마음에 대한 관찰은 탐욕과 분노와 같은 거친 의식 상태들에 대해서만이 아니라 고요한 마음(samāhitaṃ cittaṃ)이라든가 해탈한 마음(vimuttaṃ citta)과 같은 고원한 의식 상태에 대해서도 그대로 적용된다. 따라서 마음에서 발생하는 모든 부정적·긍정적 현상들에 대해 지긋한 태도로 관찰해야 하며, 설령 해탈한 마음이 느껴진다고 할지라도 다만 그것을 하나의 관찰 대상으로 처리해야 한다. 그렇게 할 때라야 수행자는 일시적인 마음의 유희에 속지 않고 진리에 대한 여실한 통찰로 나아갈 수 있다. 바로 이것이 사념처의 세 번째 항목인 마음에 대한 관찰(心念處)의 실제 양상이다.

마지막으로 법(法)에 속한 세부 항목들은 앞서의 몸·느낌·마음에 대한 관찰과 유기적으로 연결되어 있다. 예컨대 호흡에 대한 관찰을 중심으로 위빠사나를 행할 경우 주된 관찰 대상은 코끝이다. 그러나 시종일관 코끝만이 관찰되는 것은 아니다. 중간중간 팔다리의 저림을 목격하게 되고, 무수한 상념들에 의해 혼란을 겪는 경우도 발생한다. 이러한 과정은 그 자체로서는 번뇌에 빠져 있는 상태라고도 할 수 있다. 그러나 이들 번뇌는 알아차림의 대상으로 전환되는 순간 진리를 깨닫기 위한 매개가 된다. 즉 그러한 현상들 자체가 무상(無常)·괴로움(苦)·무아(無我)를 일깨워 주는 통찰 대상이 된다. 팔다리의 저림이나 혼침 따위가 스스로의 바람이나 의지와 무관하게 발생했다가 사라진다는 사실을 통해 무상과 괴로움의 진리를 깨닫게 된다는 의미이다. 바로 이것이 법에 대한 관찰(法念處)의 실제 내용을 이루게 된다. 이러한 과정을 통해 수행자는 안팎으로 발생하는 여러 장애를 극복하고 종국에는 사성제(四聖諦)의 진리를 원만하게 실현하기에 이른다. 이러한 방식으로 몸·느낌·마음·법이라는 사념처의 위빠사나 명상을 행한다.

위빠사나의 다양한 기법

현재 남방불교권에서 활약 중인 위빠사나 스승들은 대체적으로 『대념처경』이라는 문헌에 근거하여 그 가르침을 펼치고 있다. 그러나 그들에 의해 제시되는 위빠사나 기법들은 세부적인 측면에서 다양한 양상을 보이는 것이 사실이다. 또한 그들 중에는 선대의 스승으로부터 이어받은 방법도 있고 혹은 독자적으로 새롭게 고안한 것도 있다. 그러나 새로이 고안된 것이라고 할지라도 경전에 설해진 가르침을 크게 벗어나지는 않는다. 현존하는 남방불교의 위빠사나는 대략 다음의 세 가지로 분류할 수 있다. 첫째 경전과 주석서에 의거한 방법, 둘째 전적으로 경전에만 의존하는 방법, 셋째 위의 두 가지를 적절히 응용하여 독창적으로 개발한 방법 등이다.

먼저 경전과 주석서에 의존하는 대표적인 경우로는 미얀마의 마하시 사야도(Mahasi Sayadaw, 1904~1982)의 위빠사나를 거론할 수 있다. 이 방법은 사마타(samatha)라는 집중 수행을 익히지 않고서도 행할 수 있다는 장점이 있다. 특히 그의 방법은 좌선을 할 때 호흡과 동반되는 복부의 움직임을 일차적인 마음지킴(sati)의 대상으로 삼는다. 또한 복부의 움직임을 관찰하는 와중에 포착되는 땅(地)·물(水)·불(火)·바람(風)의 특성을 파악하는 데 역점을 둔다. 이들 네 가지는 육체를 이루는 성분들로서 위빠사나의 진전과 더불어 자연스럽게 드러난다고 한다. 예컨대 몸에서 느껴지는 딱딱한 느낌들은 땅의 특성으로, 축축한 느낌은 물의 특성으로, 뜨거운 느낌 따위는 불의 특성으로 분류된다. 또한 마하시의 방법은 걷기명상을 비롯한 일상의 모든 육체적 움직임에 대해서도 지속적으로 주시해야 한다고 가르친다. 이러한 방식으로 수개월에 이르는 수행을 통해 수행자는 네 가지 특성으로 이루어진 육체의 실상을 깨닫게 된다고 한다. 나아가 모든 감각과 의식이 사라지는 열반(nibbāna)의 상태를 체험할 수 있다고 한다.

마하시의 위빠사나는 남방불교 전래의 명상을 국제화시키는 데 큰 공헌을 하였다. 따라서 위빠사나를 떠올리면 마하시의 수행법이 자연스럽게 연상될 정도이다. 현재 활동 중인 마하시 사야도의 대표적인 제자로는 우 빤디따 사야도(U Pandita Sayadaw), 우 자나까 사야도(U Janaka Sayadaw) 등이 꼽힌다. 또한 최근 입적한 쉐우민 사야도(Shwe Oo Min Sayadaw, 1910~2002)는 마하시의 방법을 독자적으로 계승하여 마음에 대한 관찰(心念處)을 위주로 하는 위빠사나를 가르쳤다. 한때 마하시의 위빠사나는 스리랑카의 학승들에게 경전에 나타나는 방법과 다소 상이하다는 비판을 받기도 하였다. 그러나 『대념처경』과 『청정도론』의 가르침을 크게 벗어나지 않는다는 것이 일반적인 평가이다. 마하시는 이 명상 기법을 그의 스승인 밍군 제타완 우 나라다(Mingun Jetavan U Narada, 1869~1954)로부터 전수받았다고 한다.

경전과 주석서에 의존하는 또 다른 전형은 레디 사야도(Ledi Sayadaw, 1846~1923) 계통의 위빠사나이다. 일반적으로 그는 아비담마(Abhidhamma)의 교학 연구에 더 많은 업적을 세운 것으로 평가된다. 그의 가르침을 계승한 실천가로는 모곡 사야도(Mogok Sayadaw, 1899~1962), 우 바 킨(U Ba Khin, 1899~1971), 고엔까(S. N. Goenka) 등을 꼽을 수 있다. 또한 최근 주목받기 시작한 파옥 사야도(Pa Auk Sayadaw) 역시 레디 사야도의 가르침을 계승했다고 볼 수 있다. 이들 중에서 모곡 사야도의 방법은 느낌에 대한 관찰을 중심으로 십이연기(十二緣起)에 대한 이해를 심화시키는 방법적 특징을 지닌다. 한편 파옥 사야도는 마음의 집중을 얻기 위한 도구로『청정도론』에 제시된 까시나(kasiṇa)를 통한 선정(禪)의 방법을 가르친다고 한다. 그의 가르침은 사마타에 의한 집중의 상태를 먼저 익힌 다음, 위빠사나의 관찰 수행으로 전향시키는 독특한 특징을 지닌다. 따라서 순수한 위빠사나(純觀, suddhavipassanā)를 표방하는 마하시의 방식과 상당한 차이가 있다.

우 바 킨과 고엔까는 느낌에 대한 관찰(受念處)에 비중을 둔 위빠사나를 가르친다. 그들의 방법에는 몸 구석구석을 세부적으로 나누어 관찰하는 다소 기교적인 내용이 포함된다. 예컨대 머리라든가 목, 어깨 따위를 부위별로 구분하여 그 각각에서 느껴지는 세밀한 느낌들을 포착하는 방법을 사용한다. 이것은『대념처경』에 제시된 느낌에 대한 관찰법을 세분화하여 응용한 것으로, 몸과 마음에서 일어나는 제반 현상의 단계적 변화 과정을 용이하게 관찰할 수 있다는 장점이 있다. 이들의 수련 방법은 초보자를 위한 열흘 코스와 정규적인 심화과정 코스로 구분되어 일반인이 쉽게 접근할 수 있다. 특히 고엔까의 위빠사나는 마하시의 방법과 더불어 세계에서 가장 널리 알려져 있다.

　전적으로 경전에만 의존하는 방법으로는 태국의 붓다다사 (Buddhadāsa, 1906~1993)를 꼽을 수 있다. 그는 후대에 저술된 『논장(Abhidhammapiṭaka)』 문헌이나 『청정도론』 따위의 주석서가 붓다의 가르침을 오히려 오도할 위험성이 있다고 비판하고, 『경장(Suttapiṭaka)』과 『율장(Vinayapiṭaka)』에 근거한 새로운 수행 체계의 정립에 투신하였다. 그는 붓다의 가르침은 소수의 엘리트 수행자들만을 대상으로 하는 것이 아니며, 누구나 쉽게 따라할 수 있는 보편적인 가르침이라고 말한다. 그는 비교적 간단한 형식으로 구성된 『입출식념경(Ānāpānasatisutta, MN. III. 78~88쪽)』에 입각한 호흡 관찰법에 주목해야 한다고 주장한다. 그는 이 경전이야말로 초기불교 고유의 실제적인 명상 기법을 제시하는 유일한 문헌이라고 평가한다. 이에 입각한 수행을 통해 붓다다사는 붓다의 본래 의도가 '고통으로부터의 해탈'에 있다는 사실을 재차 확인했다고 한다. 그는 이러한 해탈의 경지가 '누구나' '바로 여기서' 체득할 수 있는 것이라는 입장을 강력히 피력하였다.

　마지막으로 문헌적 가르침을 응용하여 아예 독창적인 기법을 개발한 경우이다. 전형적인 경우로는 미얀마의 순룬 사야도 (Sunlun Sayadaw, 1878~1952)와 태국의 프라 몽골 텝무니(Phra Mongkol Thepmuni, 1884~1959) 그리고 아찬 담마다로(Ajahn Dhammadharo, 1914~) 등을 꼽을 수 있다. 이들 중에서 순룬 사야도의 방법은 강도 높은 정화호흡으로 유명하다. 이 방법에서는 우선 마시고 내쉬는 숨을 40분가량 급격하게 반복하여 그로 인해 전신에서 발생하는 강한 통증과 불쾌감을 반복적으로 관찰하는 방식을 취한다. 이 방법은 매우 단순하지만 빠른 시간 안에 육체적·정신적 변화를 경험할 수 있다고 한다. 순룬 사야도는 이 기법을 스승의 지도 없이 혼자 창안해낸 것으로 유명하다.

한편 태국의 프라 몽골 텝무니가 개발한 방법은 수정을 이용한 빛에 대한 관찰(loka-kasina)을 특징으로 한다. 이 방법은 담마까야(Dhammakāya)라고도 부르는데 『청정도론』에 제시된 빛에 대한 집중 기법을 응용한 것이다. 투명한 수정에서 발산되는 빛의 이미지에 지속적으로 집중하다 보면, 어느 순간 몸의 중심부에서 둥근 빛이 폭발하듯이 생겨난다고 한다. 이 방법에서는 바로 이것을 시발점으로 전체 18단계에 이르는 명상 과정을 제시한다. 수행자는 이러한 단계적 과정들을 체험하면서 범속한 상태로부터 성인의 경지로 들어간다고 한다.

한편 아찬 담마다로의 방법은 팔을 구부렸다가 펴는 반복적인 동작에 대한 관찰로 이루어진다. 이 방법은 매우 단순해 보이지만 『대념처경』에 설해진 동작에 대한 관찰을 응용한 것이다. 이것은 특정한 육체적 움직임에 지속적으로 주의를 기울여 몸을 구성하는 바람(風)의 특성을 지각케 하고, 또한 그것에 수반되어 발생하는 육체적·정신적 현상들을 포착한다는 특징이 있다. 이 방법은 캄보디아의 마하 고사난다(Maha Ghosananda, 1929~2007)

에게 전수되어 세계적으로 널리 알려지게 되었다.

　이상과 같이 위빠사나의 다양한 실천 양상에 대해 살펴보았다. 그러나 앞에서 언급했듯이 이러한 방법들은 사념처의 범위를 벗어나지 않는다. 더욱이 위빠사나가 진척되면 사념처의 네 가지는 엄격히 분리된 것이라고 볼 수도 없다. 즉 관찰의 힘이 커지면 눈·귀·코·혀·몸·마음의 감관에 와 닿는 모든 정신적·육체적 현상들을 기민하게 포착하게 된다. 바로 이때가 되면 사념처의 네 가지에 대한 구분은 의미를 잃는다고 할 수 있다. 보이거나 들리는 모든 현상들에 대해 선택 없는 알아차림(choiceless awareness)을 하게 된다는 의미이다.

　이와 관련해 마하시 사야도(Mahasi Sayadaw)는 '초보적인 수행단계에서는 특정 대상을 중심으로 관찰해야 하지만, 수행이 진척되면 여섯의 감각영역 전체로 관찰 대상을 확대해야 한다.'라고 가르친다. 한 걸음 더 나아가 그의 제자인 쉐우민 사야도는 '처음 수행을 할 때는 내(puggala)가 무엇을 한다는 생각으로 하지만, 수행을 오래 하다 보면 법(dhamma)이 저절로 드러나 이끌어 준다.'라고 언급한다. 모든 현상이 진리를 드러내는 매개인 까닭에 굳이 무엇을 해야 한다는 생각으로 억지 수행을 할 필요가 없다는 의미이다. 이러한 언급에 비추어 볼 때 이상에서 언급한 각각의 기법들은 초보 수행자를 이끌기 위한 방편에 불과하다고 할 수 있다.

위빠사나, 왜 하는가

들고…, 가고…, 망상…, 일어섬…

무엇 때문에 위빠사나를 하는가. 마음의 평안, 육신의 건강, 집
중력 향상, 성격 개조, 스트레스 해소 등 여러 현실적인 이유를
떠올릴 수 있다. 솔직히 필자 또한 이러한 사소한 동기에서 위빠
사나를 시작하였다. 혈기왕성했던 나이였음에도 육체적인 건강
문제로부터 자유롭지 못했고 심리적으로도 알 수 없는 불안감과
죄의식에 짓눌려 있었다. 출구가 보이지 않는 암울한 일상에서
탈출하고 싶은 마음이 위빠사나를 하게 된 동기이다. 머릿속에
검은 먹구름이 가득한 채 위빠사나 캠프를 찾아 나섰다. 이제까
지 짊어지고 다닌 모든 상념과 망상을 내려놓고 오로지 현재에 머
물라는 스님의 지도가 있었다.

앉아 있을 때에는 배의 움직임에 주목하고
걸을 때에는 발의 움직임에 주목하라.
숨 쉴 때 숨 쉬는 줄 알고 밥 먹을 때 밥 먹는 줄 알라.
잡념이 발생하면 잡념이 발생한 줄 알아차리고
다시 배나 발의 움직임에 주목하라.

그때가 20년 전의 일이지만, 아직까지도 기본 수칙으로 남아
있다. 별것 아닌 일에도 쉽사리 흥분하거나 좌절하면서 갖은 억
측을 해대는 버릇이 있던 필자가 현재의 순간에만 주의를 기울인
다는 것은 좀처럼 쉽지 않았다. 하루 종일 좌선과 걷기명상만으
로 이루진 단조로운 수행 일정 또한 무척 힘들었다. '내가 원해서
이 캠프에 오지 않았던가. 한 달만 시키는 대로 해보자.'라고 하루
에도 수 십 번씩 마음을 고쳐먹고 발이나 배의 움직임에 집중하겠
노라 다짐하곤 했다. 그러나 채 몇 분 지나기 전에 엉뚱한 생각에
빠져 있는 자신을 발견하곤 했다. '역시 나는 수행이 적성에 안
맞나 보다.' '이런 식으로 해서 무슨 진전이 있겠는가.' '혹시 이
모든 게 사기가 아닐까.' 등 수행이 힘들어지면서 갖가지 망상이
꼬리를 물고 이어졌다. 몸과 마음에서 발생하는 모든 현상에 대
해 마음으로 명칭을 붙이라는 처방이 내려졌다. '들고, 들고, 들
고…. 가고, 가고, 가고… 망상, 망상, 망상… 일어섬, 일어섬,
일어섬…' 물론 그렇게 한다고 해서 망상이 완전히 없어지는 것
은 아니었다. 그러나 그러한 과정을 거치면서 현재 순간에 깨어

있다는 것이 무엇을 의미하는지 조금씩 알 것 같았다.

수행을 하다 보면 한 번씩의 고비가 기다린다. 수련 캠프에 들어간 지 2주쯤 되었을 때다. 처음 해보는 장기간의 좌선과 걷기 명상이었던 탓에 몸과 마음이 몹시 지쳐갔다. 함께 수행하던 동료 한 사람이 도저히 힘들어서 못하겠다고 짐을 챙겼다. 덩달아 떠나고픈 마음이 굴뚝같았다. 그러나 돌이켜 생각해보니 며칠 빨리 그곳을 떠난다고 하더라도 달라질 것이 없었다. 더구나 특별히 갈 곳도 없었다. 자포자기의 심정으로 그냥 그곳에 주저앉기를 결심했다. 그런데 그러한 체념이 오히려 약이 되었던 듯하다.

그 다음날이었다. 무거운 발걸음으로 걷기명상을 하는 와중에 가슴 한가운데서 미세한 섬광이 어른거리는 듯한 느낌이 일었다. 처음에는 그것을 무시하고 계속해서 발의 움직임에만 주의를 기울였다. 그런데 그러한 느낌이 점점 강렬해지다가 어느 순간 가슴에 커다란 구멍이 뚫려 있는 환영이 보였다. 바로 그곳으로부터 형형색색의 황홀한 광선이 발산되는 것이 아닌가. 더 이상 배나 발의 움직임에 집중할 수 없을 정도로 갖가지 현란한 빛의 이미지들이 나타나기 시작했다. 이제부터는 그 빛이 어떻게 변화하는가를 지긋이 관찰하라는 지도 스님의 지시가 있었다. 기묘한 빛의 이미지들이 서서히 변화하면서 엄청난 영상들이 나타나기 시작했다. 찬란한 금빛 구름 속에 겹겹의 누각과 궁전이 목격되었다. 흰옷을 입은 아스라하게 거대한 관세음보살님이 내려다보고 있었다. 목에 걸린 오색 찬연한 염주 알 하나하나 심지어 머리카락 한 올 한 올까지 자세히 살펴 볼 수 있었다. 또한 나의 온 몸이 투명해지면서 사방으로 황금빛 광선이 발광하는 체험도 있었다. 마치 뚜껑이 열리듯 이마 위쪽이 잘라져 없어진 느낌과 함께 그곳으로부터 휜한 빛줄기가 기둥처럼 허공으로 뻗쳐오르는 현상도 있었다. 모든 영상들이 지극히 생생했고 선명했다. 그러한 현상이 약 일주일가량 지속되었다. 정말 꿈만 같았다. 나에게도 그런 체험이 일어날 수 있다는 사실이 무척 놀라웠다.

이후 관련 문헌을 통해 유사한 현상이 위빠사나 수행자들에게 공통적으로 나타나곤 한다는 것을 알게 되었다. 뿐만 아니라 동서양의 여러 명상 전통에서 비슷한 사례들이 보고된다는 사실을 확인하였다. 빛의 이미지는 대체로 처음 수행에 임한 사람들에게 발생하며, 마음에 쌓여 있던 심리적 잔재물이 만들어 낸 환상이라고 한다. 또한 육체적으로나 정신적으로 허약한 사람일수록 그러한 현상을 체험할 가능성이 높으며, 위빠사나 수행자들의 경우 대략 절반 정도가 그러한 과정을 거친다고 한다. 이러한 경험은 집중 수행에 들어간 지 일주일에서 한 달 사이에 발생하며, 얼마간의 시간이 지나면 저절로 잦아드는 것이 보통이라고 한다. 그것이 가라앉고 나면 보다 차분한 마음으로 본격적인 명상으로 옮겨가야 한다는 것이 공통적인 가르침이다.

그러한 체험이 잦아들자 무덤덤한 상태가 지속되었다. 한편으로는 다시 그 상태로 되돌아가고 싶은 마음이 일기도 하였다. 그러나 이제부터가 중요하다는 지도 스님의 말씀이 있었고 그 이후로도 얼마간의 진전이 있었다. 모든 현상들이 쏜살같이 빠르게 스쳐가는 모습으로 보였다. '아, 이걸 두고 무상(無常)이라고 하는구나.' 분명한 의식으로 배의 움직임을 관찰하던 어느 순간에 모든 현상들이 일순 사라져버렸다. 더불어 그것을 관찰하는 마음 자체마저 붕괴되는 체험이 이어졌다. 얼마간의 공백이 있은 연후에 배를 관찰하는 마음이 되돌아 왔다. 절멸(絶滅)로 여겨질 만큼 공백의 순간은 아무것도 없이 깨끗했다. '이걸 두고 열반이라고 하는가.' '그렇다면 이건 정말 엄청난 사건이 아닌가.' 무언가 종착지에 이르러 간다는 생각이 들었다. 동시에 마음이 급속하게 해이해짐을 느꼈다. 잠시 쉬는 것도 좋겠다는 생각이 들었다. 예상치 못한 경험들을 소화해낼 만한 여유가 필요하다고 느껴졌다. 사실 그간의 체험들을 다른 사람에게 자랑하고픈 생각도 없지 않았다.

마음에 대한 관찰

처음 접했던 위빠사나 명상의 여파는 컸다. 다른 모든 일을 접어 두고 본격적으로 위빠사나에 투신해야겠다는 충동이 일었다. 장소를 미얀마(Myanmar)의 명상센터로 옮겼다. 물론 그 사이에 잠시간의 달콤한 휴식을 가졌고, 또한 그간의 체험 내용을 확인하는 절차도 빠뜨리지 않았다. 『청정도론(淸淨道論)』, 『관무량수경(觀無量壽經)』, 『수능엄삼매경(首楞嚴三昧經)』 등에서 유사한 내용들을 발견하였다. 특히『관무량수경』에 기술된 열여섯 가지 관찰 방법(十六觀法)은 내가 경험했던 것과 순서상으로도 대략 일치했다. 전혀 다른 부파 소속의 경전들임에도 그렇게 흡사한 내용이 나타난다는 사실에 감탄하지 않을 수 없었다. '바로 이것이다.' '이것으로 내가 가야 할 길이 정해졌다.' 역대 선사들의 가르침이 과장이 아니라는 확신과 더불어 위빠사나의 본고장인 미얀마로 향했다.

미얀마에서 가장 크다는 모 위빠사나 센터에서 그야말로 명망 높으신 큰스님의 가르침 아래 본격적인 집중 수행에 들어갔다. 그러나 미얀마에서의 첫 명상은 순탄하지 않았다. 이질적인 환경 여건에 잘 적응이 되지 않았다. 한참 우기였던지라 덥고 습했다. 높은 담벽으로 둘러싸인 비좁은 수행 공간은 마치 교도소 같았다. 고물 자동차들이 뿜어대는 도심의 소음과 매연이 밤낮을 가리지 않고 담벽을 넘어 귀와 코를 자극했다. 처음 해보는 외국 생활에 영어마저 원활하지 않아 상세한 수행 지도도 받을 수 없었다. 매우 답답했다. 그러한 악조건 자체를 위빠사나의 통찰 대상으로 삼기에는 아직 역부족이었다. 마음이 떠나기 시작했다. 그렇게 두 달 정도가 지나자 몸에 이상이 생겼다. 찌르는 듯한 복통과 함께 호흡곤란 증세가 생겼다. 귀국을 권유받았다. 그것으로 미얀마로의 첫 번째 명상 여행을 접어야 했다.

이후로도 삼 개월씩 두 차례나 더 미얀마에서의 집중 명상 기회를 가졌다. 그러나 그때마다 결과가 신통치 않았고 육체적으로

나 정신적으로 힘든 시간을 보냈다. 귀한 시간과 경비를 허비한다는 생각에 억울하다는 느낌마저 없지 않았다. 몇 년을 쉰 후, 또 한 차례의 집중 수행을 거친 연후에야 그때의 문제가 무엇이었는지를 알게 되었다.

처음 위빠사나를 할 경우에는 몸의 움직임에 대한 관찰이 효과적이다. 즉 다리나 배의 움직임을 관찰하다보면 쉽사리 집중된 상태에 이를 수 있고, 또한 그것을 통해 명상 전반에 대한 감각을 키울 수 있다. 그러나 어느 정도 경험이 있는 상태에서는 강하게 느껴지는 현상부터 유연하게 집중해야 한다. 그렇게 해야만 마음의 방황을 효과적으로 줄일 수 있다. 특히 낯선 환경에서 심리적인 중압감을 안고 있는 상태라면 그것 자체가 일단 관찰 대상이 되어야 한다. 지루함, 외로움, 두려움, 서글픔 따위에 대해 지긋이 응시하다보면 그들이 저절로 누그러지는 체험을 하게 된다. 그러한 연후에 몸이나 느낌 따위로 관찰 영역을 넓혀가야 한다.

그 점에서 마음에 대한 관찰(心念處)을 위주로 하는 쉐우민 사야도(Shwe Oo Min Sayadaw)의 가르침은 주목할 만하다. 그는 스스로의 마음가짐을 살피는 것으로부터 수행을 시작하라고 권한다. 수행을 시작하려는 바로 그 마음에 탐욕이나 분노 따위가 스며있지 않은지 반성하라고 가르친다. 처음 몇 번의 미얀마 수행이 성공적이지 못했던 데에는 바로 그 점이 간과되었기 때문이다. 과도한 흥분과 긴장이 아직 풀리지 않은 상태에서 몸에 대한 집중만을 고집하다 보니 수행의 리듬을 잃어버렸던 것이다. 이와 관련하여 특히 쉐우민센터에서는 관찰되는 현상보다 관찰하는 마음 자체가 어떠한가를 더욱 중요시한다. 예컨대 좌선을 하는 와중에 온몸에서 기혈(氣穴)이 열리는 체험이 있었다고 치자. 쉐우민 사야도의 가르침에 따르면 그러한 체험 자체보다 그것을 겪는 와중에 마음의 흥분이나 동요가 있었느냐를 살피는 것이 더욱 중요하다.

수행 중에 발생하는 특이한 현상들에 대해 기대를 하거나 과민한 반응을 하게 되면 더 이상의 진전을 기대할 수 없다. 경험되는 모든 현상은 다만 관찰 대상으로 남아 있어야 한다. 그러한 상태에서 오랫동안의 지속적인 관찰 수행을 하다 보면 관찰되는 대상들과 일정한 거리감이 형성된다. 자신을 비롯한 주변 사물들에 대해 한 걸음 떨어져서 바라보는 것과 같은 느낌이 분명해진다. 바로 그러한 분위기에 친숙해진 연후라야 흥분이라든가 긴장 따위의 정서적 요인들로부터 자유로울 수 있다. 일체의 현상들에 대해 오염되지 않은 마음으로 위빠사나를 행할 수 있게 된다는 의미이다. 사실 그렇게 될 때라야 있는 그대로(yathabhūtaṁ)를 관찰할 수 있는 여건이 마련된다고 할 수 있다. 안팎의 현상들을 법(dhamma) 자체로 마주하게 되는 진정한 위빠사나가 시작되는 것이다.

위빠사나와 심리치료

현대의 발달된 심리학과 심리치료는 위빠사나의 가르침을 심리치료 방법으로 활용하는 단계에 이르고 있다. 특히 21세기에 들어오면서 위빠사나의 치료적 원리에 대한 연구가 본격화되고 있다. 이제 그러한 작업들은 심리치료 분야만이 아니라, 역으로 명상의 원리를 이해하는 데에도 도움을 주고 있다. 필자는 쉐우민 센터에서의 수행을 계기로 위빠사나에 대한 나름의 입장을 분명히 했다. '위빠사나란 몸과 마음에 대한 통찰을 통해 내면의 감정들에 현혹됨 없이 잘 살아가도록 이끄는 기술이다.' 그런데 어렵사리 얻은 이 결론이 심리학 전공자들에 의해 더욱 설득력 있게 묘사된다는 사실에 놀라지 않을 수 없다.

정신분석(psycho-analysis)의 입장에서 붓다의 가르침을 해석한 마크 엡스타인(Mark Epstein)에 따르면 '불교명상은 일상적인 마음을 자연스러운 출발점으로 하며 내면의 무엇인가를 강제적으로 바꾸거나 제거하는 것이 아니라 있는 그대로 받아들이고 관찰하는 것을 의미한다.' 그는 이 과정을 통해 불편한 정서나 느낌 따위가 스스로의 의지와 무관하게 일어나고 사라지는 것을 체험을 하게 된다고 말한다. 나아가 다양한 육체적·정서적 현상들이 자기 자신을 의미하는 것이 아니라 단지 조건에 따라 발생하고 사라지는 허망한 현상들에 불과하다는 것을 깨닫게 된다고 언급한다. 이러한 설명은 위빠사나의 실제를 매우 사실적으로 그려내는 동시에, 그것을 통해 얻게 되는 무상(無常)의 가르침을 자연스럽게 포함한다는 점에서 주목할 만하다.

한편 많은 심리치료사들이 위빠사나의 원리가 되는 마음지킴(念, sati)이라는 심리적 기능에 관심을 기울인다. '지속적인 주의 집중'을 의미하는 이것에 대해 베넷 골만(Bennett Goleman)은 '고정화된 지각으로부터 탈피하여 매 사건을 처음 접하는 것처럼 보게 하고 있는 그대로를 수용적으로 직면하게 하는 과정'으로 정의한다. 또한 존 카밧진(Jon Kabat-Zinn)은 '현재의 순간에 주의를 집중하는 능력으로, 의도적으로 몸과 마음을 관찰하면서 순간순간 체험하거나 느낀 내용을 있는 그대로 받아들이는 과정'으로 규정한다. 이들의 설명은 위빠사나의 기술적 측면에 관한 것으로, 어떠한 방식으로 몸과 마음에 대해 주의를 기울여야 하는가에 대한 모범적인 답안을 제시한다고 할 수 있다.

한편 최근 연구로 티스데일(J. D. Teasdale)은 마음지킴에 대해 '생각과 감정으로부터 자신을 분리하여 거리를 두는 능력'으로 개념화하고, 또한 '그렇게 해서 배양된 메타 인지적 통찰(meta-cognitive insight)을 통해 부정적 사고와 느낌을 단순히 지나가는 정신적 사건으로 인식하게 하는 것'으로 설명한다. 이는 앞서 살펴보았던 쉐우민 사야도의 가르침을 연상케 하는 것으로, 경험되는 모든 현상을 다만 관찰 대상으로 남겨둘 수 있게 되었을 때의 상황을 묘사한 것이다.

본격적인 신경증 치료와 관련해서는 다음의 네 가지가 거론되곤 한다. 노출효과(exposure) · 탈자동화(deautomatization) · 수용 (acception) · 탈동일시(disidentification)가 그것이다. 여기에서 거론되는 네 가지는 심리치료사들에 의해 지목되는 신경증 치료의 원리로, 마음지킴을 행하는 와중에 체득할 수 있는 내용들이다. 즉 위빠사나를 통해 경험할 수 있는 치료적 효과를 망라했다는 점에서 주목할 만하다.

먼저 노출효과란 태양에 노출된 눈이 자연스럽게 녹아내리듯이, 관찰의 힘에 의해 부정적인 정서와 사고가 저절로 해소되는 것을 가리킨다. 예컨대 격한 감정 상태에 있을 때 그러한 감정 자체를 지긋이 응시하다 보면 자신도 모르는 사이에 완화되는 체험을 할 수 있다. 스스로의 행실에 대해 냉정하게 주시하다 보면 어느덧 들뜬 마음도 가라앉고 불손했던 생각들도 잠잠해지는 경험을 하게 되는데, 이것이 위빠사나에 포함된 치료 원리인 노출효과이다.

탈자동화란 습관적인 사고를 개입시키지 않고 매 순간의 경험을 즉각적으로 알아차리는 것을 말한다. 우리는 반복적인 경험을 통해 고정화된 자동적 사고를 일으킨다. 이는 먹이를 먹을 때마다 '구구' 소리를 들은 닭이 나중에는 그러한 소리만 들어도 먹는 시간으로 착각하는 것에 비유할 수 있다. 마찬가지로 우리는 자신도 모르는 사이에 형성된 타성적 습관에 영향을 받는다. 예컨대 칭찬에 인색한 부모 밑에 자란 사람은 매사에 자신감을 갖지 못하고 성공보다 실패만을 걱정한다고 한다. 이는 자신이 행했던 일에는 으레 꾸지람이 뒤따랐다는 과거의 경험이 각인되어 있기 때문이다. 문제는 그러한 습관이 스스로의 긍정적인 면을 보지 못하게 만드는 장애가 될 수 있다는 점이다. 탈자동화란 그러한 강박적 상태에서 벗어나는 것을 말한다. 유연하고도 탄력적인 자세로 생생하고도 변화무쌍한 현실 세계를 마주하는 것을 말한다.

수용이란 모든 경험을 자연스럽게 받아들여 심리적 저항감과 압박감을 해소하는 것을 말한다. 인간은 주어지는 즐거움이나 괴로움을 경험하는 그 자체로 받아들이거나 인정하지 못하는 경향이 있다. 예컨대 즐거운 경험을 하게 되면 그것을 제대로 누리지도 못한 상태에서 더욱 많은 즐거움을 얻기 위해 골몰한다. 또한 괴로움이 주어지면 그것의 실체를 파악하지도 않은 채 도피하려는 생각에만 몰두한다. 그리고 그러한 와중에 갖가지 심리적인 중압감을 걸머지게 된다. 이러한 경향을 지닌 인간에게 위빠사나는 현재의 사실 그대로만을 바라보게 하여, 그러한 현재의 상태에 안주할 수 있는 능력을 키워준다. 그리하여 한결 가벼워진 마음으로 자신과 세계에 대해 차분히 대처할 수 있게 한다.

마지막의 탈동일시는 부정적인 생각이나 감정들을 단지 관찰해야 할 현상으로 보게 하여 자기 자신과 상관없는 것으로 분리시키는 것을 말한다. 인간은 스스로의 감정과 사고를 주체하지 못하고 그들의 노예로 살아가는 경향이 있다. 순간적인 탐욕과 분노에 휘말려 긴 시간을 후회로 살아가는 경우가 그것이다. 따라서 내면의 감정들로부터 자유로워지는 훈련이 필요하다. 위빠사나의 능력이 증장되면 스스로의 정서와 사고가 덧없다는 사실을 깨닫게 된다. 아울러 그러한 현상들을 관찰 대상으로 삼는 여유를 갖게 된다. 이러한 탈동일시는 자신의 존재를 구성하는 몸과 마음의 모든 영역으로까지 확대·적용할 수 있다. 이를 통해 그간 '나'라고 믿어 왔던 것들에 대해 한 발짝 떨어져 마주할 수 있게 된다. 그리하여 그들 모두가 그다지 믿을 만하지 못하다는 사실을 알게 된다.

이상은 위빠사나를 행하는 와중에 자연스럽게 체득되는 것으로, 심리치료사들에 의해 신경증의 치료를 위한 기제로 활용되고 있다. 물론 위빠사나와 심리치료는 그 목적을 달리한다. 전자는 인간 존재의 근원적인 괴로움을 극복하고자 개발된 반면, 후자는 특정한 병증의 개선과 치료에 주력한다. 따라서 심리치료는 위빠사나의 본래적인 취지를 충분히 반영하지 못한다고도 할 수 있다. 더욱이 건강 문제에 대한 지나친 관심은 탐욕과 집착 따위를 조장하기 십상이며, 새로운 유형의 육체적·정신적 괴로움으로 이어질 가능성도 배제할 수 없다. 그러나 이상에서 거론된 내용만큼은 주목할 필요가 있다고 본다. 특히 마지막으로 거론된 탈동일시는 거짓된 자아로부터 벗어나라는 무아(無我)의 가르침을 매우 효과적으로 전달한다.

깨달음에 대한 오해

깨달음이란 무엇인가

깨달음이란 무엇인가. 다소 주제넘은 질문으로 여겨질 수 있지만, 이것은 당연히 물어야 할 불교의 궁극 목적이다. 흔히 불교(Buddhism)는 '깨달음의 종교'라고 말한다. 그렇다면 바로 그 깨달음이 무엇인지 알아야 할 것 아닌가. 그러나 일부에서는 이에 대해 지나치게 조심스러운 태도를 보인다. 심지어 언어로는 도저히 표현할 수 없는 지고한 무엇으로 신비화하는 경향마저 보인다. 물론 불교의 최종 목적에 관한 논의에서 신중한 자세는 기본이지만, 그러한 조심성이 깨달음 자체에 대한 바른 이해를 가로막는 요인이 되어서는 곤란하다. 목적지가 분명할 때 비로소 거기에 도달하기 위한 올바른 실천에 전념할 수 있다. 깨달음 역시 마찬가지이다. 이에 대한 불분명한 입장은 결연한 실천적 의지를 희석시키는 결과를 초래할 것이다.

주변에는 깨달음에 대해 오해를 부추기는 주장들이 존재한다. 혹자는 깨달음을 얻고 나면 그것으로 모든 것이 다 성취된다는 듯한 주장을 펼친다. 마치 올림픽경기에서 우승한 선수가 명예와 부귀를 거머쥐는 것처럼 말이다. 다른 혹자는 깨달음을 위한 지난한 과정은 생략한 채 오로지 한꺼번에 성취하는 그것만을 강조한다. 그들에 따르면 깨달음이란 마른하늘에 날벼락이 떨어져 천지를 뒤흔드는 체험이라도 있어야 할 것만 같다. 또 다른 혹자는 깨달음을 현실 삶과 유리시켜 도저히 범접할 수 없는 고립무원의 경지로 여긴다. 참새가 봉황의 뜻을 알 수 없는 것처럼 범부 중생은 백날 닦아도 깨달음 근처에도 갈 수 없다는 것이다. 이러한 입장에 따르면 깨달음을 얻는 일은 애초부터 불가능한 것이며 계란으로 바위를 치는 것에 비유할 수 있다.

깨달음이란 말 그대로 '모르던 사실을 궁리 끝에 알게 되는 것'이다. 거기에는 기존의 낡은 생각을 깨뜨리는 과정이 수반되며, 그러한 이유에서 예상치 못했던 극적 요소들이 개입될 수 있다. 즉 무작정 원한다고 해서 깨달음이 이루어지는 것은 아니며 새로운 차원으로의 정신적 도약이 있어야 한다. 이는 비단 수행의 문제뿐만 아니라 일상 삶에서도 흔히 겪는 일이다. 예컨대 때가 무르익지 않으면 당연한 사실에 대해서도 모르고 살아가는 경우가 많다. 따라서 앞서 언급한 주장들에도 얼마간의 교훈은 있다고 할 수 있다. 깨달음의 장벽을 넘어서는 일이 결코 쉽지 않은 까닭에 다만 진득하게 열심히 수행하라는 취지로 받아들일 수 있다. 그러나 깨달음에 대한 지나친 이상화는 그것의 성취를 요원한 것으로 만들고 만다. 그것은 결국 깨달음의 종교인 불교의 존재 이유를 망각케 할 위험성이 있다.

점차 무르익는 깨달음

깨달음에 관한 잘못된 견해들은 그것만 성취하고 나면 만사형통이라는 한탕주의적 사고를 조장한다는 데 문제가 있다. 유감스럽게도 필자 또한 그러한 '깨달음 한탕주의'에 현혹된 경험이 있다. '이번의 집중 수행으로 끝장을 내야지.' '그렇게만 된다면 모든 것이 달라질 거야.' 물론 새롭게 수행에 임하는 중에 이러한 각오가 필요할 때도 있다. 그러나 수행을 하는 이유는 탐욕·분노·어리석음 따위의 부정적인 정서를 다스려 참된 지혜(慧, paññā)를 개발하는 데 있다. 이러한 사실을 망각하면 깨달음을 구하는 마음 자체가 일종의 탐욕으로 변질될 가능성이 있다. '깨달음 한탕주의'란 다름 아닌 그러한 상태에 빠져 있는 경우라고 하겠다.

그렇다면 이상적인 깨달음의 실현 과정은 어떠해야 할까. 다음의 경전은 깨달음에 관한 초기불교의 입장을 대변하는 것으로 앞서의 주장들과 극명한 대조를 이룬다.

비구들이여, 나는 완전한 지혜(aññā)의 성취가 단번에 이루어진 다고 말하지 않는다. 비구들이여, 그와 반대로 점차적으로 배 우고 점차적으로 실천하고 점차적으로 발전하여 완전한 지혜 의 성취가 있게 된다.(MN. I. 479~480쪽)

이를 통해 깨달음에 관한 붓다의 입장을 분명히 확인할 수 있 다. 점차적인 닦음에 의한 점진적인 깨달음이 그것이다. 붓다는 삶에서 점차적으로 무르익는 깨달음을 가르쳤다. 이러한 가르침 을 통해 우리는 깨달음과 관련한 경직된 태도에서 벗어날 필요가 있다. 상상을 초월하는 극단적인 과정을 거치지 않더라도 깨달음 에 접근할 수 있다는 희망을 지녀야 한다.

그렇다면 깨달음의 내용은 무엇일까. 과연 무엇을 깨닫는다 는 것일까. 초기불교 경전에서는 깨달음의 내용과 관련해 다양한 이설(異說)을 전한다. 예컨대 중도(中道, majjhima-paṭipadā)를 깨 달았다고 하는 경우도 있고, 연기(緣起, paṭiccasamuppāda) 혹은 사성제(四聖諦, cattāri ariyasaccāni)를 깨닫는다고 기술하기도 한 다. 그런데 중도란 바른 견해(正見)라든가 바른 의향(正思惟) 따 위의 팔정도(八正道)를 가리키며, 다시 팔정도는 사성제의 마지 막 항목인 도성제(道聖諦)에 포함된다. 한편 '의존적인 발생과 소 멸'을 내용으로 하는 연기 또한 괴로움의 발생과 소멸 과정을 밝 힌다는 점에서 고(苦)·집(集)·멸(滅)·도(道)의 사성제와 표리 (表裏)의 관계에 있다고 할 수 있다. 결국 『상적유경』에 기술되어 있듯이 붓다의 깨달음과 가르침은 사성제의 범위를 벗어나지 않는다(MN. I. 184쪽 이하). 요컨대 그는 인간 존재가 괴로움에 노출되어 있다는 사실을 지각하였고, 또한 그것의 원인을 통찰하여 해소함으로써 깨달음을 완성하였던 것이다.

『전법륜경』에는 사성제를 열두 차례에 걸쳐 반복적으로 깨닫는 양상(三轉十二行相)이 묘사된다. 예컨대 고성제(苦聖諦)에 대해서는 이해해야 하고(pariññeyya), 집성제(集聖諦)에 대해서는 끊어야 하며(pahātabba), 멸성제(滅聖諦)에 대해서는 실현해야 하고(sacchikātabba), 도성제(道聖諦)에 대해서는 닦아야 한다(bhāvetabba)는 자각의 과정이 세 차례에 걸쳐 반복해서 등장한다. 더불어 그들 각각에 대해 '눈이 생겨나고 지혜가 생겨나고 통찰이 생겨나고 밝음이 생겨나고 광명이 생겨났다.'라는 문구가 되풀이된다. 이러한 내용은 붓다의 깨달음이 일회적으로 단박에 이루어진 것이 아니었다는 사실을 의미한다. 즉 사성제를 내용으로 하는 붓다의 깨달음은 지난한 수행의 과정을 통해 점차적으로 완성되었다는 것이다. 또한 『전법륜경』에서는 그러한 과정을 거쳐 '사성제에 관한 지혜와 견해가 청정해진 연후에 비로소 위없는 바른 깨달음(阿耨多羅三藐三菩提, anuttaraṃ sammāsambodhi)을 선언했다(paccaññāsiṃ).'라는 언급도 나타난다(SN. V. 422~423쪽).

초기경전에 등장하는 '위없는 바른 깨달음(無上正等正覺, 阿耨多羅三藐三菩提)'이라는 표현은 주로 사성제와 관련해서 등장한다. 이러한 사실은 불교의 목표가 다름 아닌 사성제라는 점을 분명히 해준다. 아울러 사성제의 실현 과정을 점진적으로 묘사한다는 점에 대해서도 다시 한 번 유념할 필요가 있다. 또한 이에 대해서는 다음의 가르침을 주목할 만하다.

> 네 층의 계단이 있는 전당(殿堂)으로 오르는 것과 같이, 만일 어떤 사람이 '첫 계단을 오르지 않고 두 번째, 세 번째, 네 번째 계단을 올라 전당에 올랐다'고 말한다면 그럴 이치가 없느니라. 왜냐하면 반드시 첫 계단을 지난 뒤에야 차례로 두 번째, 세 번째, 네 번째 계단을 따라 전당에 오를 수 있기 때문이니라. 그와 같이 비구들이여, 고성제에 대해 아직 밝게 알지 못하면서, 집성제, 멸성제, 도성제를 밝게 알고자 하면 그리 될 수 없느니라.(『잡아함경』, 권16, 436경; SN. V. 452쪽 이하)

불교라는 종교에서 '위없는 바른 깨달음'을 능가하는 또 다른 목적은 존재하지 않는다. 이미 확인했듯이 그것의 구체적 내용은 사성제이다. 즉 '인간이라는 존재가 괴로움에 노출되어 있다는 것, 그것의 원인은 내면의 집착과 탐욕에 있다는 것, 그러한 괴로움은 극복될 수 있다는 것, 그것을 극복하는 길이 존재한다는 것'이라는 깨달음 외에 다름이 아니다. 이 점이 분명해질 때 앞서 거론했던 '깨달음에 대한 오해'들이 불식될 수 있을 것이다. 깨달음이란 결코 과시의 대상일 수 없으며, 단박에 성취할 수 있는 그무엇도 아니고, 현실과 유리된 고립무원의 경지도 아니다. 그것

은 바로 이 순간부터 실현해 나갈 수 있는 것이며, 또한 집착과
탐욕이 있는 한에서 끊임없이 자각하고 닦아나갈 과제이다.

|

법에 대한 관찰

『대념처경』에서는 위빠사나의 통찰 대상을 크게 네 가지로 분류
한다(DN. II. 290~315쪽). 몸(身)·느낌(受)·마음(心)·법(法)
이 그것이다. 이들 중에서 앞의 세 가지는 관찰 대상으로서의 성
격을 지닌다. 즉 몸이라든가 느낌 따위는 지속적으로 지켜보아야
할 내용이다. 반면 마지막의 법은 그러한 관찰 대상인 동시에 위
빠사나를 통해 얻게 되는 결과를 종합한다고 할 수 있다. 다시 말
해서 법에 대한 관찰(dhammānupassī)은 몸이라든가 느낌 따위를
관찰하면서 체득하는 내용까지를 망라한다. 이들은 다섯 가지 장
애(五蓋), 다섯 가지 집착된 경험요소(五取蘊), 여섯 가지 터전(六
入處), 일곱 가지 깨달음의 조목(七覺支), 네 가지 거룩한 진리 즉
사성제(四聖諦) 등으로 구성된다. 이들 다섯은 법에 대한 관찰의
하위 항목을 구성하는 동시에, 위빠사나를 통해 성취하는 깨달음
의 실상을 드러낸다는 점에서 주목할 만하다.

먼저 다섯 가지 장애에 대해서 살펴보자. 이것은 쾌락에 대한
욕망(kāmacchanda), 악한 마음(byāpāda), 혼침과 졸음(thīnamiddha),
들뜸과 회한(uddhaccakukkucca), 의심(vivikiccha) 등을 가리킨다. 이
들 다섯은 몸·느낌·마음 등을 관찰하는 와중에 발생하는 것으로

일종의 번뇌라고 할 수 있다(MN. I. 347쪽). 또한 지혜를 약하게 만드는 것으로 불건전한 쓰레기에 비유되기도 한다(SN. V. 146쪽). 그런데 『대념처경』에서는 바로 이들을 '일어나고 사라지는 현상을 지속적으로 관찰하는 방법(samudayavayadhammānupassī)'에 적용시킨다. 그리하여 "내부적으로 쾌락에 대한 욕망이 있을 때 '나에게 내부적으로 쾌락에 대한 욕망이 있다'고 알아차리고, 혹은 내부적으로 쾌락에 대한 욕망이 없을 때 '나에게 내부적으로 쾌락에 대한 욕망이 없다'고 알아차린다."라는 방식으로 관찰해 나갈 것을 권한다(DN. II. 301쪽).

일반적으로 쾌락에 대한 욕망은 성적(性的) 욕구를 의미하는데, 그것을 제거하는 방법으로는 '신체의 불결한 모습을 떠올리는 명상(不淨觀, asubhānupassī)'이 권장된다. 즉 똥·오줌·고름 따위의 추한 모습을 떠올려 그것을 다스리는 방법이 사용된다. 그러나 있는 그대로(yathabhūtaṁ)에 대한 통찰을 강조하는 위빠사나에서는 쾌락에 대한 욕망 자체가 진리를 깨닫기 위한 매개로 활용된다. 즉 '있으면 있는 그대로 알아차리고 없으면 없는 그대로 알아차리는 것'을 통해 일어남과 사라짐의 진리(samudayavayadhamma)를 깨우치도록 유도한다. 이러한 방식으로 내면의 부정적 정서들을 지속적으로 알아차림으로써 변화가 발생한다는 사실을 깨우치게 된다. 그리하여 처음에는 도저히 저항할 수 없을 것만 같았던 감정과 정서들이 차츰 변화하여 어느새 약화되어 있다는 사실을 자각하게 된다. 바로 이것이 다섯 가지 장애에 대한 알아차림의 실제 내용이며, 위빠사나를 통해 성취해 나가는 깨달음의 교훈이라고 할 수 있다.

마찬가지로 악한 마음, 혼침과 졸음, 들뜸과 회한, 의심 등도 관찰 대상으로 삼을 수 있다. 이들 장애에 대한 통찰과 반성이 없을 때 우리는 옳지 못한 방향으로 이끌리기 십상이다. 경전에서는 이들 장애를 잘 살펴보지 못하는 사람은 자신과 타인 그리고 양자 모두에게 무엇이 이로운가를 깨우치지 못한다(AN. Ⅲ. 230쪽)고 전한다. 그러나 이들에 대해 분명한 인식을 하게 되면 어떠한 방식으로든 대처해 나가게 된다. 예컨대 졸음이 온다고 해서 무작정 졸아야 하는 것이 아니라 그것 역시 관찰 대상으로 삼아 극복할 수 있게 된다. 이와 관련하여 필자는 '졸음과 싸우지 말고 졸린 상태를 지긋이 알아차리면서 졸음에 떨어지는 마지막 순간을 지켜보도록 하라.'라고 하는 지도를 받은 적이 있다. 그리하여 졸음으로부터 얼마간 비켜날 수 있었다. 이처럼 지속적인 알아차림을 통해 수행의 장애로부터 벗어날 수 있다.

이는 다섯 가지 집착된 경험요소(五取蘊)에 대해서도 동일하게 적용된다. 육체(色)·느낌(受)·지각(想)·지음(行)·의식(識)이라는 다섯의 경험요소(蘊)에 집착해 그것을 자기 자신과 동일시한다. 그리하여 아름다운 용모(色)와 즐거운 느낌(受) 따위를 추구하는 가운데 갖가지 환상(想)과 욕망(行) 등에 의해 뒤엉키게 된다. 바로 이것이 범속한 인간 존재의 실상이다. 이에 대한 통찰은 특정한 느낌이나 생각 따위가 나 자신을 의미하는 것이 아니라 잠시 스쳐가는 것에 불과하다는 깨우침을 얻게 한다. 이것이 법에 대한 관찰의 두 번째 내용으로, 다섯 가지 집착된 경험요소에 대한 알아차림이다. 이렇게 해서 우리는 거짓된 자아로부터 벗어나는 탈동일시(disidentification)의 체험에 이르게 되고 종국에는 무아(無我)를 깨닫게 된다.

이러한 양상은 눈(眼)과 시각대상(色), 귀(耳)와 소리(聲) 등으로 이루어진 여섯 가지 터전(六入處)에 대해서도 마찬가지이다. 위빠사나의 통찰 능력이 증장되면 보거나 듣는 모든 것에 대해 분명한 알아차림을 지니게 된다. 즉 눈(眼)·귀(耳)·코(鼻)·혀(舌)·몸(身)·마음(意)의 영역 모두에 대해 깨어 있는 상태로 머물게 된다. 여섯의 터전이 중요한 이유는 바로 거기에서 앞서의 다섯 가지 집착된 경험요소를 비롯한 일체의 현상들이 발생하기 때문이다. 따라서 이들에 대해 알아차림을 지닌다는 것은 현상계의 본래 모습 혹은 터전을 알아차린다는 의미가 된다. 앞서의 다섯 가지 장애(五蓋)라든가 집착된 경험요소(取蘊)에 대한 알아차림에서는 한 발짝 물러나 관찰하는 수동적 태도와 거리 두기가 요구된다고 할 수 있다. 그들 현상과 뒤엉키지 않기 위해서이다. 그러나 여섯의 터전에 대한 알아차림에서는 감지되는 모든 것들에 대해 활달하게 깨인 열린 마음이 요구된다. 그래야만 어느 하나에 치우치지 않고서 여섯의 감각 영역 모두를 상대할 수 있게 된다. 이것을 실천하면서 우리는 오로지 현존하는 것들과 무차별적으로 마주하게 되며, 종국에는 온갖 속박이 끊어진(斷, pahāna)

경지에 머물 수 있게 된다(DN. II. 302쪽).

　일곱 가지 깨달음의 조목(七覺支)은 이상의 과정을 통해 얻게 된 심리적 결과의 성격을 지닌다. 즉 알아차림의 상태를 한결같 게 유지하는 '마음지킴에 의한 깨달음의 조목(念覺支)', 경험하는 현상들을 그때그때 올바르게 분별하는 '법에 대한 분석으로 이루 어진 깨달음의 조목(擇法覺支)', 노력을 그침 없이 계속하게 되는 '노력으로 이루어진 깨달음의 조목(精進覺支)', 그러한 노력과 더 불어 충만한 기쁨을 느끼는 '기쁨으로 이루어진 깨달음의 조목 (喜覺支)', 그러한 기쁨과 더불어 신체의 편안함을 느끼는 '평안 으로 이루어진 깨달음의 조목(輕安覺支)', 그러한 편안함으로 고 요한 선정의 상태에 머무는 '삼매로 이루어진 깨달음의 조목(定 覺支)', 그렇게 해서 일체의 현상에 대해 초연해지는 '평정으로 이루어진 깨달음의 조목(捨覺支)' 등이 그것이다.

　경전에서는 이러한 조목들을 상황에 맞게 잘 적용해야 한다 고 가르친다. 예컨대 마음이 위축되어 있을 때에는 법에 대한 분 석으로 이루어진 깨달음의 조목, 노력으로 이루어진 깨달음의 조 목, 기쁨으로 이루어진 깨달음의 조목으로 대처하라고 이른다. 또한 들떠 있을 때에는 평안으로 이루어진 깨달음의 조목, 삼매 로 이루어진 깨달음의 조목, 평정으로 이루어진 깨달음의 조목으 로 다스릴 것을 권한다. 한편 마음지킴에 의한 깨달음의 조목은 모든 경우에 반드시 필요하다는 내용을 전한다(SN. V. 113쪽 이 하). 이러한 깨달음의 조목들은 법에 대한 관찰의 네 번째 순서에 해당되는 동시에, 위빠사나를 통해 체득한 지혜의 활용 양상이라고 할 수 있다.

법에 대한 관찰의 마지막 세부 항목은 사성제(四聖諦)이다. 이미 언급했듯이 사성제는 초기불교의 궁극 목적으로 깨달음의 실제 내용이다. 『대념처경』에서는 이 사성제의 가르침을 다른 내용들에 비해 압도적인 분량과 비중으로 상세히 설명한다(DN. II. 304쪽 이하). 즉 고성제에 관해서는 태어남·늙음·죽음 따위의 괴로움의 양상에 대해 구체적으로 열거한다. 집성제에 관해서는 갈애(taṇhā)를 괴로움의 원인으로 제시하면서 그것의 발생 과정을 자세히 언급한다. 멸성제에 관해서는 그러한 갈애가 소멸하는 양상에 대해 기술한다. 마지막으로 도성제에 관해서는 바른 견해(正見)에서부터 바른 삼매(正定)에 이르는 팔정도를 나열한다. 사실 『대념처경』에 등장하는 사성제는 앞서 언급했던 다섯 가지 집착된 경험요소(五取蘊)라든가 여섯 가지 터전(六入處) 등에 대한 알아차림과 일정 부분 중복된다고 할 수 있다. 이 점은 『대념처경』 전체에 걸쳐 산발적으로 설해지는 개개의 수행 과정들이 사성제라는 큰 틀 안에서 다시 한 번 종합된다는 것을 의미한다. 따라서 『대념처경』은 사성제의 실현을 위한 지침의 성격을 띤다고 할 수 있다.

명상 잘하는 방법

마음지킴의 실천 양상

어떻게 하면 명상을 잘할 수 있을까. 명상에 관심을 둔 사람이라면 당연히 품어보았을 생각이다. 앞서 언급했듯이, 명상이란 '잘 쉬는 방법'이라고 할 수 있다. 즉 무엇을 하자는 것이 아니라 쉬자는 취지이다. 아무것도 의도하지 않고 있다 보면 자연스럽게 있는 그대로의 사실에 눈을 뜨게 된다는 맥락이다. 그렇다면 이 것이야말로 누워서 떡 먹기 아닌가. 사실 누워서 떡 먹기에도 약 간의 기술과 노력이 필요하다. 그러나 이러한 의미의 명상이란 그와 같은 노력조차 필요로 하지 않는다고 할 수 있다. 경험하거나 떠오르는 모든 현상들을 그대로 인정하고 수용할 수만 있다면 그것으로 충분하다. 어쩌면 명상이란 더 이상 아무것도 해야 할 일이 없다는 것을 깨닫기 위한 것일지도 모른다.

그런데 바로 이것이 쉽지 않다. 참으로 아이러니한 일이 아닐 수 없다. 그냥 편히 있는 것이 결코 쉽지 않다는 뜻이기 때문이다. 인간은 스스로에 대해 항상 무언가 해야 할 일이 많은 존재로 여겨왔고 또한 길들여졌다. 그 결과 우리는 쉬는 것에 친숙하지 못한 존재가 되고 말았다. 당장 며칠 동안만이라도 고립된 곳에서 아무 일도 하지 않고 머문다고 가정해보자. 상당히 버겁지 않을까 싶다. 물론 인간은 열심히 일을 해야 하고, 또한 그러기 위해 얼마간의 노력과 긴장이 불가피하다. 그러나 쉬어야 할 때 쉴 줄 아는 여유 또한 필요하다. 밥을 먹을 때에도, 옷을 입을 때에도, 대소변을 볼 때에도, 온통 일 걱정에 빠져 있다고 해서 좋은 결과가 보장되는 것은 아니다.

인간은 현재를 살아간다. 따라서 눈으로 보고 귀로 듣는 일상에 대해 좀 더 생생한 태도로 접근할 필요가 있다. 그렇게 할 때 비로소 일할 때에는 일하고 쉴 때는 쉬는 유연함이 길러질 수 있다. 불교명상의 핵심 원리로 거론되는 마음지킴(念, sati)은 바로 이것을 주된 기능으로 한다. 마음지킴은 과거와 미래라는 상상의 세계로부터 인간의 마음을 현재로 되돌리는 역할을 한다. 즉 숨을 쉬고 있다는 사실, 밥을 먹고 있다는 사실, 이야기를 하고 있다는 사실 따위에 대해 분명한 의식을 갖는 것이 마음지킴이다. 그리고 이와 같이 현재의 상태에 깨어 있는 능력을 확고히 하는 것을 일컬어 마음지킴의 확립(念處, satipaṭṭhāna)이라고 한다. 이를 통해 우리는 상상적 사고에서 기인하는 갖가지 강박적 태도와 부정적 정서에서 벗어날 수 있게 된다.

　마음지킴이란 지금 이 순간 경험하거나 떠올리는 현상을 있는 그대로 인정하고 수용하는 것이다. 따라서 이것 역시 어려운 일이라고는 볼 수 없다. 그때그때 벌어지는 사태를 그냥 그대로 주시하면 된다. 그러나 이 또한 결코 쉬운 일이 아니다. 인간의 마음은 한순간도 한곳에 머물지 않고 요동친다. 언제 그랬냐 싶게 망상의 세계에 붙잡혀 불안과 회한에 빠지곤 한다. 따라서 경전에서는 옷이나 머리에 붙은 불을 끄는 것 같이 다급한 마음으로 마음지킴을 행해야 한다고 가르친다. 그렇게 할 때 비로소 내면의 안정과 더불어 있는 그대로를 통찰하는 지혜를 얻게 된다(AN. V. 99~100쪽)고 전한다. 따라서 처음 명상에 임하는 사람에게는 호흡에 대해, 몸의 움직임에 대해, 좋거나 싫은 느낌 따위에 대해, 한순간도 놓치지 않고 알아차리겠다는 결연한 의지가 요구된다.

　몸·느낌·마음·법이라는 사념처(四念處)의 항목은 마음지킴을 확고히 하기 위한 구심점이 된다. 이에 대한 기민한 알아차림을 통해 마음의 방황을 차단하게 된다. 이 과정이 없으면 온갖 잡생각에 이끌려 명상을 한다는 사실 자체마저 망각할 수 있다. 그러한 상태를 막는 방법으로 마하시 사야도(Mahasi Sayadaw)는 마음으로 명칭을 붙일 것을 제안한다. 예컨대 숨을 마실 때에는 '마시고, 마시고, 마시고…'를, 내쉴 때에는 '내쉬고, 내쉬고, 내쉬고…'를 되뇌라고 권한다. 물론 그렇게 하더라도 잡념이 발생할 수 있다. 그때에도 '잡념, 잡념…'이라는 명칭을 붙이라고 이른다. 잡념을 피운다는 사실을 알아차리는 순간 대부분의 잡념은 저절로 약화되기 마련이다. 그렇게 되면 다시 '마시고'라든가 '내쉬고'로 돌아가면 된다.

이러한 방식으로 경험하는 현상들에 대해 명칭을 붙이다 보면 망상에 빠지는 습관적 경향을 줄일 수 있다. 또한 경험 내용들에 대해 보다 세밀한 관찰이 가능해진다. 예컨대 자연적인 호흡에도 쉴새없는 떨림과 진동들이 교차한다는 것을 알게 된다. 나아가 이를 지속적으로 알아차리다 보면 '마시고'라든가 '내쉬고' 따위의 명칭을 붙이는 것이 불필요해진다는 사실을 깨닫게 된다. 호흡 중에 발생하는 세세한 움직임이나 떨림 따위에 대해 일일이 명칭을 붙이는 것이 가능하지 않기 때문이다. 그렇게 되면 명칭을 떼고서 보다 섬세한 관찰로 넘어간다. 물론 그 와중에도 다시 망상에 빠져 호흡을 놓칠 수 있다. 그렇더라도 재빨리 망상에 빠진 사실을 알아차리면 된다. 필요하다면 '잡념, 잡념…' 따위의 명칭을 재차 사용할 수도 있다. 중요한 것은 잡념을 피웠느냐 아니냐가 아니라 얼마만큼 그것을 기민하게 알아차렸느냐이다. 그러다 보면 결국 망상에 빠지는 빈도는 줄어들고 강도 또한 약해진다.

일반적으로 명상의 초보 단계에서는 호흡이나 느낌 따위에 집중하도록 권한다. 이들에 대한 관찰이 가장 용이하기 때문이다. 그러나 얼마간 숙달되면 호흡이나 느낌 따위의 경계가 분명하지 않다는 사실을 알게 된다. 마시고 내쉬는 호흡의 틈새에도 여러 현상이 끼어들 수 있기 때문이다. 예컨대 코끝이나 배의 움직임을 주시하면서도 어깨가 결린다거나 지루하다는 것을 동시적으로 지각하게 된다. 알아차리는 범위가 자연스럽게 넓어진다는 의미이다. 이렇게 관찰의 범위가 확대되면 특정한 하나의 대상에 몰입하려는 의지적인 노력을 줄이고, 개방된 태도로 몸과 마음에서 발생하는 현상들을 전체적으로 받아들이는 방법을 고려해야 한다. 물론 그 와중에도 마음의 방황이 심해진다 싶으면 언제든지 최초의 호흡에 대한 집중으로 돌아가면 된다. '잡념, 잡념…' 따위를 되뇌는 방법을 사용하여 다시 시작하면 된다.

이렇게 오랜 기간 반복하다 보면, 몸·느낌·마음·법이라는 사념처 전체의 구분이 의미를 잃게 된다. 즉 감관에 와 닿는 모든 현상에 대해 선택 없는 마음지킴(choiceless mindfulness)을 행할 수 있게 된다. 이와 관련하여 존 카밧진(Jon Kabat-Zinn)은 '어떤 특정한 것에만 주의를 집중하는 것이 아니라 가만히 앉아서 무엇이든 떠오르는 것에 모두 집중하라'고 언급하며, 또한 이것에 숙달되기 위해서는 수년에 걸친 연습이 필요할 수도 있다고 덧붙인다. 바로 이 상태가 확고해지면 의지적인 노력으로 마음지킴을 행하던 그간의 양상에서 근본적인 변화가 발생한다. 즉 특정한 대상을 임의로 선택하여 마음지킴을 할 필요가 없어지고, 오히려 관찰되는 대상을 수동적으로 따라가는 상황이 전개된다. 바로 이를 두고 쉐우민 사야도(Shwe Oo Min Sayadaw)는 '처음 수행을 할 때는 내가 무엇을 한다는 생각으로 하지만, 수행을 오래 하다 보면 법이 저절로 드러나 이끌어 준다.'라고 언급했다.

마음지킴의 실천 양상은 '의지적인 노력'에서 '자연스러운 흐름'으로 넘어간다고 할 수 있다. 처음 명상을 익힐 때에는 결연한 태도로 마음지킴을 해야 한다. 즉 호흡이나 느낌 따위에 대해 전력을 다해 집중해야 한다. 그렇지 않으면 습관적인 망상과 나태의 굴레를 벗어나기 힘들다. 이와 관련하여 『삿담마빠까시니(Saddhammapakāsinī)』라는 문헌에서는 '대상에 밀착하여 서는 것(PsA. 510쪽)' 혹은 '하나의 대상에 움직이지 않는 상태로 확고하게 머무는 것(PsA. 539쪽)'으로 마음지킴의 양상을 묘사한다. 그러나 어느 정도 명상이 진전되면 의지적인 노력을 줄여야 할 때가 온다. 과도한 의지는 그 자체가 일종의 탐욕일 수 있으며 있는 그대로를 살피는 데 방해가 될 수 있다. 예컨대 내면의 탐욕이라든가 분노 따위에 대한 알아차림은 무엇을 하겠다는 생각을 내려놓을 때 가장 분명해진다.

따라서 명상이 무르익은 단계에서는 마음지킴을 한다는 생각마저 내려놓고 한 걸음 물러날 필요가 있다. 이때에는 부정적 · 긍정적 자극들에 흔들리지 않는 관조적 거리 두기가 강조된다. 이러한 분위기에 익숙해짐으로써 경험하는 현상들을 있는 그대로 인정하고 수용하는 능력을 키우게 된다. 즉 자신과 세계를 열린 마음으로 감싸 안는 방법을 체득하게 된다. '명상이란 더 이상 아무것도 해야 할 일이 없다는 것을 깨닫기 위한 것일지도 모른다.'고 했던 앞서의 언급 또한 동일한 맥락이다. 이러한 분위기에 친숙해지는 것이야말로 명상을 통해 얻을 수 있는 가장 소중한 결실이 아닐까. 이러한 경지를 두고서 초기경전에서는 '해야 할 일을 마친 상태(kataṃ karaṇīyaṃ) (DN. I. 84쪽, 100쪽, 124쪽 등)'라고 표현하지 않았을까 싶다.

|

팔정도, 보증된 깨달음의 길

『니까야』에서는 앞의 경우와 대조적으로 마음지킴을 행하지 말아야 할 경우도 있다고 가르친다. 예컨대 불건전한 생각 따위가 비정상적으로 계속되면 그것에 대한 마음지킴을 멈추라고 이른다. '마치 눈에 들어온 대상이 보고 싶지 않을 때 눈을 감거나 다른 대상을 보는 것처럼 하라(MN. I. 120쪽; AN. III. 185~186쪽).'라는 언급이 그것이다. 따라서 마음지킴의 실천 양상에는 '의지적인 노력'과 '자연스러운 흐름'에 더하여 '하지 말아야 할 경우'가 추가된다. 다소 예외적이지만, 이러한 마지막의 경우는 명상의 실천에 수많은 변수가 있다는 점을 시사한다. 상황에 따라 유연하게 마음지킴의 강약을 조절해야 하며, 또한 이것이 지닌 여러 측면들에 대해 충분히 이해해야 한다. 더불어 이 모든 것에 능숙해질 때까지 유능한 지도자의 도움 아래에 있을 필요가 있다. 훌륭하고 자상한 스승이 곁에 있다면 권하는 대로만 하면 되기 때문이다.

한편 성공적인 명상은 마음지킴만으로 이루어지는 것도 아니다. 이를 위한 예비적인 조건들도 고려해야 하며, 수행의 전체 여정에 관해서도 그 윤곽을 알아두어야 한다. 그래야만 엉뚱한 생각과 기대에 이끌려 불필요하게 방황하는 시간을 줄일 수 있다. 이와 관련해 필자는 팔정도(八正道)를 참고할 필요가 있다고 생각한다. 팔정도는 편향되지 않은 실천으로 중도(中道)의 실제 내용이 된다(SN. V. 420쪽 이하). 동시에 사성제(四聖諦)의 마지막 항목인 도성제(道聖諦)를 일컫는 말이기도 하다. 붓다는 이를 통해 신통한 앎(abhiññā)과 완전한 깨달음(sambodhi)을 성취한다고 가르쳤다. 또한 그는 이것이 전제되지 않으면 수행자(沙門)란 존재할 수 없고, 이것이 있을 때 비로소 수행자가 있을 수 있다고까지 언급했다(DN. II. 151쪽).

일반적으로 팔정도를 이해하는 방식에는 두 가지가 있다. 하나는 수행에 막 입문한 사람들이 단계적으로 구비하는 과정의 팔정도이며, 다른 하나는 이미 숙달된 이들이 여덟 덕목 모두를 구비하고 반복적인 실천을 해 나가는 경우이다. 전자는 깨달음에 이르는 지형도를 제공하는 것이라고 할 수 있다. 이것은 수행의 여정이 일정한 단계를 밟아나갈 수밖에 없다는 현실적인 필요성에 부응한다. 한편 후자는 현실의 삶에서 원만한 실천을 위한 지침이라는 의의를 지닌다. 이 경우 팔정도를 구성하는 덕목들의 선후 관계는 중요하지 않으며 서로가 서로를 돕는 위치에 놓인다. 사실 팔정도의 덕목들은 서로 연결될 때 그 효력을 강력하게 발휘

할 수 있다. 필자는 양자 가운데 어느 방식을 취하든 팔정도의 체계를 수용할 필요가 있다고 보며, 그것이야말로 명상을 잘하기 위한 효과적인 방법이라고 생각한다.

　팔정도의 첫 번째 덕목인 바른 견해(正見)는 불교적 가르침 전반에 대한 기본적인 이해를 의미한다. 이는 다시 세속적인 바른 견해와 해탈로 이끄는 수승한 견해의 두 가지로 세분화된다. 세속적인 바른 견해는 업(業)에 의한 지음과 받음이 존재한다는 사실에 대한 분명한 이해를 가리킨다. 이와 관련해 경전에서는 '무엇이 나쁜 것이고, 무엇이 나쁜 것의 뿌리이며, 무엇이 좋은 것이고, 무엇이 좋은 것의 뿌리인지 분명히 아는 한에서 바른 견해이다(MN. I. 46~47쪽).'라고 한다. 한편 해탈로 인도하는 출세간적인 바른 견해는 사성제(四聖諦)를 올바르게 이해하는 것이다. 즉 '괴로움에 대한 지혜, 괴로움의 일어남에 대한 지혜, 괴로움의 소멸에 대한 지혜, 괴로움의 소멸에 이르는 길에 대한 지혜가 있으니, 이것을 바른 견해라 한다(DN. II. 312쪽).'라는 가르침이 그것이다. 세속적인 바른 견해는 굳이 명상과 연계시키지 않더라도 일상에서 요구되는 윤리적 덕목이다. 한편 출세간의 바른 지혜는 괴로움을 근본적으로 종식시키기 위한 것으로 명상의 실천과 직접적인 연관성이 있다.

　팔정도의 두 번째 덕목인 바른 의향(正思惟)이란 앞서의 바른 견해를 바탕으로 건전한 방향으로 마음을 돌이키는 것을 의미한다. 여기에는 욕망으로부터 벗어나려는 의향(出離思), 성냄을 버리려는 의향(無恚思), 해치지 않으려는 의향(無害思) 등이 있다. 이를 통해 바른 견해의 확립과 더불어 올바른 행동으로 나가게 된다. 그 과정에서 바른 의향은 내면의 태도를 추스르는 역할을 한다. 사성제에 대한 대략적인 이해를 통해 일체의 괴로움이 탐욕과 갈애에서 비롯된다는 사실을 알게 된다. 그러나 그렇게 한다고 해서 곧바로 모든 탐욕이 완전하게 없어지는 것은 아니다. 여전히 순간순간의 유혹에 흔들릴 수 있으며, 그때마다 바람직하고 건전한 새로운 마음가짐을 일으켜야 한다. 이것이 바른 의향이다.

팔정도의 세 번째, 네 번째, 다섯 번째 덕목은 바른 언어(正語)·바른 행위(正業)·바른 삶(正命)이다. 이들은 비도덕적인 행위를 억제하고 착하고 바람직한 행위를 증진시키는 덕목들로 구성된다. 이들은 다양한 세부적 계율(戒律) 항목들과 연계되며 몸과 마음으로 드러나는 일체의 행위를 포함한다. 또한 이들 덕목은 타인과의 관계 속에서 부각되는 것으로, 팔정도의 실천이 사회적·윤리적 측면으로까지 확대된다는 사실을 드러낸다. 즉 바른 언어와 바른 행위 등은 혼자만을 위한 가르침이 아니다. 그런데 이들 세 가지 덕목은 윤리적인 기능에 제한되지 않으며, 정신적인 순화를 돕는 데 그 중요성이 있다. 이들의 실천을 통해 도덕적 비행으로 인한 죄의식과 자책에 빠지지 않고 조화로운 마음 상태를 유지할 수 있게 된다. 이것들이 전제될 때 본격적인 명상에 들어갈 수 있다. 경전에는 이에 대해 다음과 같이 묘사한다.

바른 법(善法)의 처음은 무엇인가. 계율의 청정이며 견해의 올바름이다. 그와 같이 비구가 계율이 청정하고 견해가 올바르게 된다면, 그 비구는 계율에 의지하고 계율 위에 서서 네 가지 마음지킴의 확립(四念處)으로 나간다.(SN. V. 143쪽 등)

팔정도의 여섯 번째 덕목인 바른 노력(正精進)은 본격적인 명상의 영역에 속하는 동시에 명상에서 요구되는 심리적 에너지(viriya)를 공급한다. 붓다의 가르침이 지향하는 해탈의 세계란 다름 아닌 감각적 욕망의 속박으로부터 벗어난 상태이다. 거기에 도달하기 위해서는 욕망을 거슬러 올라가는 결연한 의지와 꿋꿋함이 필요하다. 이러한 여정은 결코 쉽지 않으며 아무도 대신할 수 없고 오로지 홀로 걸어나가야 한다. 바른 노력이란 일체의 불건전한 상태를 미리 차단하고, 이미 발생한 그것에 대해서는 미련 없이 버리는 것을 의미한다. 또한 건전하고 유익한 상태는 적극적으로 이끌어 내고, 이미 존재하는 그것에 대해서는 더욱 만전을 기하는 것을 가리킨다. 이를 통해 내면에 잠재된 번뇌의 표출을 막고, 또한 현재 발생하는 그것을 소멸하여 바른 명상으로 나아갈 수 있다.

팔정도의 일곱 번째 덕목인 바른 마음지킴(正念)은 이 책을 통해 지금까지 강조된 것으로, 불교명상에서 가장 핵심적인 것이다. 이것은 몸 · 느낌 · 마음 · 법에 대한 통찰이라는 사념처의 수행을 가리키기도 하고, 관행적으로 위빠사나(觀, vipassanā)라고 일컫는 그것이기도 하다. 이미 언급했듯이 이를 통해 번뇌와 편견으로부터 벗어나 있는 그대로를 깨달을 수 있게 된다. 마음지킴의 실천은 그 자체로 완결적인 수행이 될 수 있으며, 경전에서도 사념처의 전체 과정을 포함하는 것으로 묘사한다(DN. II. 313쪽). 그런데 우리는 바로 이것을 팔정도라는 일련의 과정에서 다시 만나게 된다. 이러한 사실은 마음지킴의 실천이 어느 한순간 단편적으로 이루어지는 것이 아님을 분명히 해준다. 바른 마음지킴은 앞서의 바른 견해에서부터 이어지는 점진적인 절차와 위계에 따라 행해진다는 점에 유념할 필요가 있다. 이것의 실천은 그와 같은 예비적 단계들을 걸친 연후에야 비로소 존재의 실상을 꿰뚫는 강력함을 발하게 된다.

팔정도의 마지막 덕목인 바른 삼매(正定)는 바른 마음지킴에서 기인한 평온한 마음으로 네 단계로 구분된다. 탐욕을 버린 데서 생겨난 즐거운 심리 상태로서의 첫 번째 선정(初禪), 언어적·분석적 사고가 가라앉은 상태인 두 번째 선정(第二禪), 그저 평온한 즐거움만이 머문다고 하는 세 번째 선정(第三禪), 마음지킴이 극히 청정해진다고 하는 네 번째 선정(第四禪)이 그것이다(DN. II. 313쪽). 이러한 삼매의 경지가 구체적으로 어떠한 것인가에 대해서는 예로부터 이견(異見)이 분분하다. 그럴 수밖에 없는 이유는 두 번째 선정 이후로는 언어적 사고가 가라앉아 그것을 표현할 수 없기 때문이다. 따라서 삼매의 경지는 순수한 체험의 영역으로 남겨두자는 분위기가 일반적이다. 그러나 위의 몇 가지 경전 상의 암시만으로도 삼매의 경지를 짐작할 수 있다. 나름의 체험이 미치는 범위에서 그것의 실제를 생각해 볼 수 있는 여지가 있다는 의미이다.

예컨대 앞에서도 언급했듯이, 호흡이나 느낌 따위에 대한 알 아차림이 기민해지면 관찰되는 현상들이 세밀하게 포착된다. 바로 그러한 상태가 지속되면 유동적인 미세한 현상들 모두에 대해 일일이 명칭을 붙이는 것이 점차 어려워진다. 또한 그와 같이 집중된 상태를 유지하는 와중에는 여타의 언어적 사고도 가능하지 않다. 언어적 사고가 개입되는 순간 섬세한 변화의 양상을 놓치기 십상이다. 이러한 과정을 거치면서 도달하는 경지를 언어적 사고가 가라앉은 두 번째 선정(第二禪)으로 이해할 수 있다. 한편 관찰의 힘이 더욱 증장되면 감관에 와 닿는 현상들에 대해 선택 없는 마음지킴을 행할 수 있게 된다. 이것은 특정한 현상만을 제한적으로 관찰하는 것이 아니라 감관의 영역 전체를 개방하는 것을 의미한다. 바로 이때부터는 관찰되는 현상들이 오히려 마음지킴을 이끌어주는 상황이 전개된다고 할 수 있다. 저절로 드러나는 안팎의 사물들을 수동적으로 따라가면서 그들의 발생과 소멸을 지켜볼 뿐이다. 이러한 상태가 확고해지면 굳이 애를 쓰지 않더라도 마음지킴이 행해진다. 투명하게 깨인 의식으로 일체의 현상을 한 걸음 물러나 관조할 수 있게 된다. 바로 이것을 지극히 청정해진 마음지킴(捨念淸淨, upekkhāsatiparisuddhi)으로 특징짓는 네 번째 선정(第四禪)의 상태로 이해할 수 있다.

이상과 같이 팔정도의 덕목들에 대해 살펴보았다. 그런데 이들은 삼학(三學, tisso sikkhāyo)으로 일컬어지는 또 다른 체계로 재분류되기도 한다. 예컨대 바른 언어 · 바른 행위 · 바른 삶은 계학(戒學, sīlasikkhā)에, 바른 노력 · 바른 마음지킴 · 바른 삼매는 정학(定學, samādhisikkhā)에, 바른 견해 · 바른 의향은 혜학(慧學, paññāsikkhā)에 배치되기도 한다. 이러한 삼학 역시 초기불교 이래로 널리 사용되어 온 포괄적인 수행 분류 방법의 하나이다. 이에 따르면 입과 몸으로 짓는 악한 행위들을 다스리는 것으로부터 수행의 여정을 시작해야 한다. 최초의 계학이 바로 그것이다. 한편 마음으로 짓는 악한 업을 가라앉히기 위해서는 정학을 익혀야 한다. 이를 통해 일체의 산란한 마음을 버리고 내면의 안정을 꾀하게 된다. 마지막의 혜학은 계학과 정학을 바탕으로 사성제의 진리를 깨닫는 것을 말한다.

삼학의 순서는 팔정도의 그것과 동일한 배열이 아니다. 즉 팔정도에서 처음으로 등장하는 바른 견해와 바른 의향은 삼학의 체계에서 맨 마지막 단계인 혜학에 배속된다. 양자의 체계를 비교하여 도식화하면 〈참고 2〉와 같다.

삼학의 체계는 상식적으로 납득할 수 있는 온건한 수행의 절차를 제시한다. 즉 계율에 대한 준수로부터 시작하여, 마음의 안정을 도모하는 정학을 거쳐, 진리를 깨닫는 혜학으로 넘어간다. 그러나 이러한 삼학의 순서와 달리 팔정도에서는 혜학에 속하는 바른 견해와 바른 의향을 첫 번째 단계에 해당한다. 이는 수행을

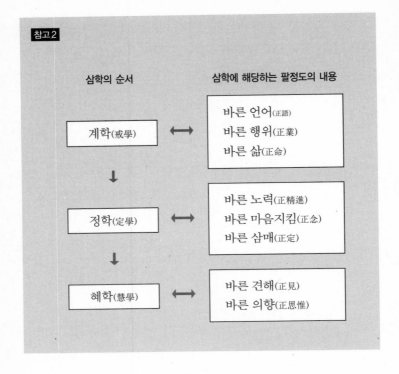

참고 2

삼학의 순서		삼학에 해당하는 팔정도의 내용
계학(戒學)	⟷	바른 언어(正語) 바른 행위(正業) 바른 삶(正命)
↓		
정학(定學)	⟷	바른 노력(正精進) 바른 마음지킴(正念) 바른 삼매(正定)
↓		
혜학(慧學)	⟷	바른 견해(正見) 바른 의향(正思惟)

시작하는 시점에서 이들의 필요성을 부각시킨 것이라고 할 수 있다. 바른 견해와 바른 의향을 통해 수행에 관한 전체적인 조망을 가져야 하며, 또한 그렇게 해야 일관된 방향성을 흩트리지 않고 지속적으로 실천할 수 있다. 물론 바른 견해와 바른 의향은 그와 같은 예비적인 역할만으로 그 임무가 끝나지 않는다. 계율과 선정이 무르익으면 더 뛰어난 차원의 견해와 의향을 지닐 수 있게 된다. 따라서 팔정도는 순환적으로 반복되면서 더욱 깊어져가는 양상을 띤다고 할 수 있다. 필자는 바른 명상을 위해 이와 같은

수행의 절차에 대한 이해가 반드시 필요하다고 본다. 더불어 팔정도야말로 가장 널리 채택되어 온 보증된 깨달음의 길(道, paṭipadā)이라는 점을 강조하고 싶다.

|
억지 명상을 하고 있는가

마음가짐의 중요성

왜 명상이 잘 되지 않을까. 명상을 해본 사람들은 쉽지 않다고 말한다. 이미 언급했듯이 명상의 본래 목적은 스스로를 편히 하는데 있다. 마음의 동요를 가라앉혀 본연의 삶을 회복하자는 취지이다. 사실 명상이란 있는 그대로를 수용하는 과정이다. 따라서 어렵지 않은 것이어야 하고 흐르는 물과 같이 자연스러운 것이어야 한다. 누구든지 열린 마음으로 인정할 것을 인정하고 받아들일 수 있다면 이미 명상이라는 흐름 안에 있다고 할 수 있다. 이점을 분명히 이해했다면 명상의 여정은 시작되었다고 할 수 있다.

그럼에도 현실적으로 명상이란 쉽지 않다. 도대체 무엇이 문제일까. 필자는 부적절한 마음가짐이 완전히 해소되지 않은 데에 그 원인이 있다고 본다. 앞에서 몇 가지 명상 기법을 소개한 적이 있다. 예컨대 주시하는 현상들에 대해 지속적으로 명칭을 붙이는 방법이라든가, 그러한 명칭을 떼고서 관찰의 범위를 확대해나가는 것들이 그것이다. 그러한 방법들에 숙달되면 명상의 진전을 이룰 수 있다. 여기에서 잊지 말아야 할 더 중요한 사실이 있다. 아무리 훌륭한 방법을 숙지하고 있더라도 명상의 기본 취지를 놓쳐서는 안 된다는 것이다. 즉 명상이란 무언가를 얻으려고 애쓰거나 피하려고 발버둥치는 것과 본래적으로 무관하다. 이 사실을 망각한다면 앞서 언급한 갖가지 명상 테크닉은 명상 자체를 어렵고 피곤한 일거리로 만들 우려가 있다.

숨을 마실 때 마신다고 알아차리고 내쉴 때 내쉰다고 알아차리는 입출식념(入出息念, ānāpānasati)을 한다고 가정해 보자. 명상에 익숙치 않은 초보 수행자는 망상을 피우지 않으려고 최선을 다할 것이다. 그리하여 기를 써가며 호흡에 대해 명칭을 붙이려고 할 것이다. '마시고, 마시고, 마시고… 내쉬고, 내쉬고, 내쉬고…'라고. 물론 이러한 방법이 얼마간 도움이 되는 것은 사실이며, 또한 그렇게 해서 거친 상념들을 제압할 수도 있다. 그러나 마음이라는 현상은 억압할수록 반발이 커지는 속성을 지니고 있다. 억지로 가라앉힌 상념들은 얼마 지나지 않아 더욱 맹렬한 기세로 고개를 쳐든다. 심지어는 '마시고,… 내쉬고,…'를 되뇌는 그 순간에도 요동치며 들썩거리기 일쑤다.

이렇듯 망상이 그치지 않을 때에는 그러한 망상의 상태를 받아들여야 한다. 망상 자체를 자연스럽게 허용하면서 지긋이 주시하다 보면 어느덧 누그러져 있음을 알게 된다. '잘 놀다가도 멍석을 펴주면 그친다.'라는 속담을 여기에 적용할 수 있을 것이다. 이는 망상 자체를 억누르거나 조작하지 않고 있는 그대로 둘 때 얻게 되는 결과이다.

명상이 잘 되지 않을 경우에는 억지 명상을 하고 있는 것이 아닌지 반성해 보아야 한다. 어쭙잖은 기교로 명상 자체를 부담스럽게 만들고 있는 것은 아닌지 따져보아야 한다. 무엇보다도 적절한 마음가짐으로 명상의 본래 취지를 잘 실천하고 있는지 검토해 보아야 한다. 이것이 전제되지 않는다면 명상이란 매우 지루하고 곤혹스러운 일거리가 되고 만다.

명상의 실천에서는 무언가를 원하는 마음, 무언가를 없애려는 마음 따위에 매이지 않는 것이 중요하다. 그러한 마음들은 괴로움의 원인(苦集諦)으로 귀착되기 쉬우며, 있음에 대한 갈애(有愛, bhava-taṇhā) 혹은 있지 않음에 대한 갈애(非有愛, vibhava-taṇhā)의 변종에 지나지 않는다. 따라서 명상 수행자는 일체의 바람이나 근심 따위를 접어놓고 오로지 현재에 충실하고자 하는 태도를 유지해야 한다. 이와 관련하여 『니까야』에서는 다음과 같이 가르친다.

보고 듣고 맡고 지각하는 현상들에 관련하여, 보았을 때에는 보인 것만 있어야 하고, 들었을 때에는 들린 것만 있어야 하고,

맡았을 때에는 맡은 것만 있어야 하고, 지각했을 때에는 지각한 것만 있어야 한다.(SN. IV. 73쪽)

명상의 부작용

명상을 실천하는 사람은 자신의 감정과 생각에 매몰되지 않도록 해야 한다. 몸과 마음에서 발생하는 현상들에 대해 일정한 거리를 두고 관조의 상태를 유지해야 한다. 그러나 장기간 집중적인 명상을 하다 보면 그와 반대되는 상황에 부딪히곤 한다. 몰입된 의식 상태가 되어 현실감각을 놓칠 수 있다. 과거에 대한 기억이나 감정 따위에 매우 민감해지기도 한다. 평소에는 아무렇지도 않았던 것에 격한 감정이 생길 수도 있고, 신체의 특정 부위에 예리한 느낌이 발생할 수도 있다. 그러한 상태는 더욱 진전된 명상을 위한 과정일 수 있으며, 그간의 명상이 헛되지 않았다는 표시일 수도 있다. 그러한 체험들에 대해서는 바른 이해와 함께 적절한 대처가 필수적이다.

안도 오사무(安藤 治)는 통상적인 의식 상태에서는 체험할 수 없고 집중적인 명상에서만 경험하는 비일상적인 심리 상태를 다음의 네 가지로 정리한다. 감정의 폭발, 지각의 변용, 유사 열반(僞涅槃), 선병(禪病) 등이 그것이다. 이들은 명상의 길을 걷는 모든 수행자들에게 잠복해 있다고 할 수 있으며, 짧게는 며칠에서 길게는 수년에 걸쳐 지속될 수있다. 이러한 체험들은 매우 강한 충격으로 느껴질 수 있으며 심지어는 병리적인 상태에 이르게 할 수도 있다. 따라서 노련한 스승의 지도 아래에 있을 필요가 있으며, 또한 그것을 대처하는 데 필요한 최소한의 식견을 갖추어야 한다. 그렇지 않고서 그때그때의 감정에 휘둘리게 될 경우, 완전한 정신병적 상태가 되어 약물 치료에 의존하거나, 정상적인 사회생활이 힘든 상황이 초래될 수도 있다.

감정의 폭발이란 강렬한 감정적·신체적 에너지가 갑자기 끓어오르는 상태를 가리킨다. 예컨대 신체의 각 부분에 격심한 통증이 발생하거나, 급속도로 긴장이 풀어져 맥이 빠져버리거나, 엄청난 희열을 동반하면서 신체의 각 부위가 떨리고 요동을 치는 경우가 그것이다. 지각의 변용이란 신체의 일부가 매우 커진 것처럼 느껴지거나, 돌처럼 뻣뻣해지고 무거워지는 경우를 말한다. 혹은 갑자기 강한 절망감이나 슬픔·공포 따위가 엄습하기도 하고, 지금까지 본 적 없는 강렬한 빛이나 이미지에 압도되어 컨트롤이 불가능한 상황이 발생할 수도 있다. 유사 열반이란 강렬한 해방감의 체험 속에서 그러한 상태를 명상의 최종 목표로 잘 못 파악하는 경우를 가리킨다. 특히 그러한 체험은 지고의 경지에 이르렀다는 그릇된 신념을 자극하는 까닭에 떨치기 힘든 강한 집착을 불러일으킨다. 마지막의 선병은 앞서의 세 가지가 굳어져 고질화된 병증으로 나타나는 경우이다. 이것은 명상에서 야기되는 정신적 신체적 부조화를 총괄적으로 일컫는 것으로 이해된다.

이처럼 비일상적인 심리 상태를 접하게 되면, 초보 수행자들은 강하게 저항하거나 혹은 끈질기게 집착하기 십상이다. 그러나 그럴수록 의연한 마음가짐으로 명상을 계속하는 것이 중요하다. 사실 누구든지 그와 같은 비일상적인 상태를 접하게 되면 흥분하거나 긴장하기 마련이다. 바로 그러한 상황에서 잊지 말아야 할 기본 수칙으로 앞서 언급했던 명상의 취지를 다시 한 번 강조하고자 한다. 즉 명상이란 있는 그대로를 수용하는 과정이라는 것이다. 따라서 이미 발생한 정서적 상태들에 대해서는 차분하게 수용하면서 지긋이 응시해야 한다. 흥분이나 긴장이 지나치면 우선 그러한 감정들에 대해 초점을 모아야 한다. 그렇게 하다 보면 차츰 마음의 동요도 가라앉고 문제시되었던 상황도 해소된다. 그러한 연후에 원래의 명상 방법으로 되돌아가면 된다. 초기불교에서는 이러한 과정을 다음과 같이 언급한다.

사리뿟따는 보름 동안에 걸쳐 '현상에 대한 순차적인 위빠사나'를 하였다. (중략) 〔그는〕 기쁨과 즐거움을 지닌 첫 번째 선정(初禪)에 도달하여 머물렀다. 첫 번째 선정을 행할 때 생각(尋)·지속적인 생각(伺)·기쁨(喜)·즐거움(樂)·하나된 마음(心一境性)·접촉(觸)·느낌(受)·지각(想)·의도(思)·마음(心)·의욕(欲)·확신(勝解)·노력(精進)·마음지킴(念)·평정(捨)·마음냄(作意) 등의 현상이 있었다. 그에게 그들 현상이 순차적으로 분명해졌다. 그에게 그들 현상이 감지되는 것(vidita)으로써 일어났고, 감지되는 것으로써 유지되었고, 감지되는 것으로써 사라졌다. 그는 이와 같이 알아차렸다. '실로 그들 현상은 나에게 있지 않다가 발생한 것이며 발생한 이후에는 사라졌다.'라고. 그는 그들 현상에 대해 집착하지 않고, 거부하지 않고, 의존하지 않고, 묶이지 않고, 벗어난 상태로, 구속되지 않은 상태로, 자유로운 마음을 가지고 수행하였다.(MN. III. 25쪽)

인용된 경문은 앞에서 언급했던 비일상적인 심리 상태를 묘사하고 있다. 즉 선정(禪, jhāna)이라는 집중된 상태에서 접하게 되는 다양한 감정과 정서들에 대해 다루고 있다. 여기에서 언급된 생각·접촉·느낌·지각 따위는 감정의 폭발이라든가 지각의 변용에 해당하는 체험들을 포함한다고 할 수 있다. 경전에서는 수동형 문구를 사용하여 그러한 상태가 '감지된다(感知, vidita, √ vid, 감지하다, 경험하다)'고 묘사한다. 즉 통증(受)이나 희열(喜) 따위를 일부러 발생시키거나 사라지게 해야 할 대상으로 언급하지 않고 단지 수동적으로 지각되는 것으로 언급한다. 또한 그들 각각에 대해 어떠한 마음가짐으로 대처해야 하는가도 상세히 밝히고 있다. '집착하지도 않고, 거부하지도 않고,… 자유로운 마음으로' 명상을 계속해야 한다는 것이다. 이러한 과정에 숙달함으로써 경험하는 일체의 현상들에 얽매이지 않고 한 걸음 물러나 관조할 수 있게 된다.

한편 『니까야』의 다른 구절에서는 이러한 체험이 진리에 대한 통찰로 이어진다는 사실을 다음과 같이 밝힌다.

들숨과 날숨을 〔관찰하면서〕 마음의 하나됨과 산란하지 않음을 얻게 되었을 때, 느낌(受)이 감지되는 것으로서 일어나고, 감지되는 것으로서 유지되고, 감지되는 것으로서 사라진다. (중략) 지각(想), 생각(尋) 〔따위의 현상들이〕 감지되는 것으로서 일어나고, 감지되는 것으로서 유지되고, 감지되는 것으로서 사라진다. (중략) '무명의 일어남으로부터 느낌의 일어남이 있다.'고 하는 조건에 의한 일어남(paccayasamudaya)의 의미로 느낌의 일어남이 감지된다. (중략) '무명의 소멸로부터 느낌의 소멸이 있다.'라고 하는 조건에 의한 소멸(paccayanirodha)의 의미로 느낌의 사라짐이 감지된다.(Ps. I. 78~179쪽; DN. II. 223쪽 cf. 등)

명상의 목적이 오로지 고요한 상태를 얻는 데 있다면, 여기에서 언급한 느낌이라든가 생각 따위는 방해물일 뿐이다. 사실 이러한 현상들은 깊은 삼매의 상태에 이르게 되면 저절로 없어지는 것으로 번뇌에 불과하다고도 할 수 있다. 실제로 생각(尋)은 두 번째 선정(第二禪) 이상의 상태에서 그치며, 느낌(受)이나 지각(想) 따위도 지각과 느낌이 소멸한 선정(想受滅定)에 이르면 더 이상 존속할 수 없다. 따라서 이들 현상은 깊어가는 삼매와 더불어 일어남과 사라짐을 반복하면서 고갈되어 가는 과도적인 것이다. 그러나 확인할 수 있듯이 이들은 '조건에 의한 일어남과 사라짐'을 감지하기 위한 매개가 된다. 즉 조건적 발생(緣起)과 무상(無常)이라는 교리적 가르침을 깨달아 내면화하는 수단이 된다.

이상과 같이 명상의 여정에서 발생하는 비일상적인 정서와 감정들에 대해 살펴보았다. 이러한 현상들은 자연스럽게 받아들여야 할 통찰의 대상이 되며 회피되거나 거부되어서는 안 된다. 이 점이 분명해질 때 명상의 위험성에 관한 일체의 우려가 불식될 수 있을 것이다. 즉 집중적인 명상에서 경험하는 갖가지 정서적 요인들은 오히려 성숙된 명상을 위한 밑거름이 된다고 할 수 있다. 명상을 위험한 것으로 만드는 실제 원인은 특정한 심리 체험 자체가 아니라, 그러한 체험들에 대해 두려워하거나 집착하는 따위의 그릇된 태도이다.

사이비 명상 구분하기

최근 서구권을 중심으로 다양한 명상 프로그램이 개발되고 있다. 특히 마음지킴(念, sati)에 기반을 둔 불교명상은 여러 방식으로 심리치료에 적용되고 있다. 필자는 명상의 현대화라는 측면에서 그러한 시도들에 대해 지지를 보내지만, 명상의 본래 의의가 훼손될 수도 있다는 사실에 대해서는 우려감을 갖는다. 전통적인 불교명상은 팔정도(八正道)에 입각한 것으로 계(戒) · 정(定) · 혜(慧)를 망라하는 전인적인 성숙의 과정을 포함한다. 그러나 최근 유행하는 명상 프로그램들은 건강이라든가 병증의 문제에 치중된 경향을 보이며, 일부 기법들은 공공연히 영리적인 목적을 위해 보급되기도 한다. 이에 대해서는 체계적인 검증과 비판이 뒤

따라야 할 것이다.

명상이란 기본적으로 자신에 대한 신뢰를 바탕으로 하는 것이어야 한다. 또한 스스로를 평안하고 자유롭게 하는 것이며 잠재된 가능성을 실현하도록 도와주는 것이어야 한다. 그런데 명상을 할수록 스스로에 대한 존엄감이 약화되는 경우가 있다. 무언가에 구속된다는 느낌이 더해지고 자신의 가능성을 제약받는다는 생각이 들기도 한다. 그럴 경우에는 현재 실천하고 있는 명상을 재고해 보아야 한다. 명상은 괴로움을 덜어내는 방향으로 나가야 하며 성숙한 삶과 행복 증진에 보탬이 되어야 한다. 이것이 충족되지 않는다면 그러한 명상을 과감히 거부해야 한다. 이와 관련해 붓다는 다음과 같이 가르쳤다.

소문으로 들었다고 해서, 대대로 전승되어 왔다고 해서, 그렇더라고 경전에 써 있다고 해서, (중략) 혹은 유력한 사람의 말이라고 해서, '이 분은 우리의 스승이시다.'라는 생각 때문에 〔받아들여 행하지 말라〕.(AN. I. 189쪽)

특정 명상 가르침이 과연 유용한지를 꼼꼼히 따져야 한다. '이러한 가르침은 유익한 것이고, 이러한 가르침은 비난 받지 않을 것이며, 이러한 가르침을 받들어 행하면 이익과 행복이 있게 된다고 분명히 알게 되었을 때 그것을 실천해야 한다(AN. I. 190쪽).' 그렇다면 이러한 판단의 기준은 무엇일까. 과연 무엇을 근거로 올바른 명상과 사이비 명상을 구분할 수 있을까. 이 문제와 관련해 잭 콘필드(Jack Kornfield)가 언급했던 네 가지 악습을 소개한다. 권능의 남용, 돈의 오용, 성적 비행, 알코올이나 마약 중독 등이 그것이다. 이들 넷은 매우 뿌리가 깊은 것으로 인류 역사가 시작된 이래 순수한 명상 공동체들을 문란케 하고 무너뜨리는 역할을 해왔다. 현재 실천하고 있는 명상에서 이러한 요인들이 감지된다면 그것을 타락의 신호로 받아들여야 한다.

권능의 남용이란 명상을 익히고 실천하는 과정에서 모든 권한이 특정 개인에게 집중될 때 발생한다. 명상 지도자는 오랜 기간의 체험을 바탕으로 수행의 여정에서 예견되는 난관이 무엇이고 그 해결책은 어떠한지에 대해 알고 있다. 초보 수행자는 그들의 도움을 통해 극복하기 힘든 여러 심리적 문제들을 해결하고 지속적인 명상을 행할 수 있다. 문제는 그것이 상호 존중을 바탕으로 한 기술적인 도움의 차원에서 그치지 않을 경우에 발생한다. 탁월한 역량을 지닌 스승은 제자들로 하여금 무한한 존경과 경외심을 불러일으킨다. 스승의 덕성을 의심하지 않는 열광적인 제자들은 스승 역시 인간에 불과하다는 당연한 사실을 잊고 만다. 그리하여 지고의 존재로 이상화하여 자신의 인생 전체를 통솔해주기를 희망한다. 그렇게 해서 스승과 제자 사이에 암묵적인 정신적 독재 체제가 구축된다.

권능 남용에 희생되는 당사자는 제자와 스승 모두이다. 광신적인 제자들은 스승이 하는 모든 요구를 절대적인 명령으로 받들어 추종하게 된다. 그러한 분위기 속에서 스승은 자신이 지닌 능력의 한계를 망각하게 되고, 결국에는 자신을 따르는 이들을 불행한 방향으로 내몰게 된다. 이러한 권능 남용의 징후는 다양한 방식으로 나타날 수 있다. 스스로 특정 기법에 지나치게 매달리게 되는 경우 권능 남용에 희생되지 않았는지 의심해 보아야 한다. 매사에 주체적으로 판단하지 못하고 스승만을 필요로 하게 되는 경우에도 마찬가지다. 자신의 이론을 정립하지 못한 채 항상 제자의 역할로만 남아 있는 경우도 그러하다. 특히 스승의 명령이라면 상식에서 벗어난 행동들도 마다하지 않는 경우가 발생한다. 그러한 상태라면 권능 남용에 깊이 희생되어 있을 가능성이 높다.

돈의 오용 또한 명상을 타락시키는 주요 원인이다. 명상이라는 고매한 가르침을 처음 접한 사람은 경이로운 마음으로 대하게 된다. 마치 인생 전체가 변화된 듯한 느낌을 갖기도 하고 건강이라든가 인간관계 등에서 이전에 볼 수 없었던 진전을 보기도 한다. 그리하여 자발적으로 자신이 가진 것을 아낌없이 바치고 싶어 한다. 이것은 자연스러운 현상이라고도 할 수 있으며, 명상을 주변 사람들과 후대에 전하는 데 유용하게 소용될 수도 있다. 그러나 엄청난 돈이 쌓이면 문제가 발생할 소지가 크다. 그간의 역사를 통해 돈 때문에 타락한 수많은 공동체들을 목격한다. 특히 단순한 생활을 필요로 하는 명상에서 돈은 방해물이 되기 쉽다. 따라서 사심 없는 태도와 투명한 관리가 요구된다.

명상을 배우는 데 지나친 경제적 부담이 따른다면 일단 의심해보아야 한다. 자신이 지불하는 대가가 어떤 용도로 활용되는지 알 수 없다면 문제가 크다. 그렇게 해서 모아진 돈은 대부분 오용된다고 보아야 할 것이다. 특히 그러한 프로그램을 보급하는 사람들은 명상 자체보다는 돈에 목적을 두고 있을 가능성이 크다. 그들로부터 올바른 명상을 배우기란 불가능하다. 돈벌이를 목적으로 하는 명상 프로그램은 일종의 상품이다. 시장에 출하된 상품들은 구매자를 유혹하기 위해 갖가지 방법으로 포장된다. 그것을 취급하는 전문 상인들은 선전용 프로그램과 주력 상품을 별도로 관리하는 치밀함을 보인다. 그리하여 선전용 프로그램에 충분히 현혹된 구매자들에 한해 엄청난 대가의 주력 상품을 내놓는다. 유감스럽게도 최근 국내에서 개발되어 급속도로 보급되는 몇몇 명상 프로그램에서 이러한 혐의가 발견된다. 사실 명상의 가르침을 막대한 돈벌이 수단으로 악용했던 사례는 동서양을 통틀어 셀 수 없을 정도다.

성적 비행 역시 명상을 타락시키는 해묵은 요인이다. 일부 타락한 스승들은 자신의 위치를 악용하여 은밀한 성적 행위를 일삼는다. 그들은 특별한 가르침을 명목으로 비밀스러운 성적 접촉을 요구한다. 심지어는 공개적인 석상에서까지 성적 친밀함을 드러내는 경우도 있다. 근대 명상계에서 명망이 높았던 한 스승은 여인의 무릎을 베개로 삼아 잠을 청하곤 했다고 전해진다. 사실 여부를 확인할 수는 없지만 그러한 이야기가 회자되는 것 자체가 유감스러운 일이 아닐 수 없다. 초기불교의 사례로 볼 때 명상의 실천이 반드시 독신을 요구하는 것은 아니었다. 재가자들 중에도 뛰어난 명상의 성취를 이룬 사례가 종종 언급되기 때문이다(AN. I. 26쪽; Ps. I. 174쪽 등). 그러나 어떠한 경우라도 성적 행위를 찬양하거나 부추긴 일은 없었다. 성적 비행은 수행자를 불안과 회한의 나락으로 이끌 뿐이다. 현재 자신이 배우고 있는 명상에서 그것을 조장하는 무언가가 발견된다면 지체 없이 그만 두거나 떠나야 한다.

알코올이나 마약 중독은 현실적으로 비교적 쉽게 간파하여 대처할 수 있다. 상식적인 맥락에서 이러한 습관들이 잘못이라는 사실을 분명히 인식하고 있다. 그러나 불교의 역사를 통해 음주를 즐겼다고 전해지는 인물들은 적지 않다. 일부 힌두교 문헌과 수행자들 사이에는 환각제의 사용이 공공연하게 거론되기도 한다. 알코올이나 마약 중독은 그 자체로도 문제가 크지만 결연한 수행 의지를 말살시킨다는 점에서 더욱 경계해야 한다. 명상을 하는 이유는 불건전한 사고와 정서들로부터 자유로워지기 위해서이다. 알코올이나 마약이 중독된 상태에서 명상의 진전을 이룬다는 것은 거의 불가능하다. 특히 알코올이나 마약에 중독된 사람은 권능 남용과 성적 비행까지 저지를 수 있다는 사실을 잊지 말아야 한다.

존경 받는 명상가들은 자신의 한계가 무엇인지를 분명히 해왔다. 역사상 가장 위대했던 명상가라고 할 수 있는 붓다 또한 예외가 아니다. 붓다의 위대함은 그가 행했다고 전해지는 불가사의한 신통력에 있는 것이 아니다. 오히려 그의 고결함은 그 자신을 포함한 모든 존재가 괴로움의 현실에 노출되어 있다는 사실을 겸허히 수용했다는 데에 있다. 또한 그는 인간적인 나약함이 정신적 진보에 방해가 된다는 사실을 누구보다도 분명히 인식했고, 허물없는 바른 삶을 살고자 끝없이 노력했다. 그러한 이유에서 우리는 그를 진정한 스승으로 간주할 수 있다. 붓다의 삶은 바른 명상이 어떠해야 하는가를 분명히 해주는 좌표가 될 수 있을 것이다.

명상 뿌리내리기

수행의 다섯 가지 요인

훌륭한 스승과 함께하는 명상에서는 어려움이 발생하더라도 쉽
사리 해결할 수 있다. 스승은 어려움에 처한 제자들을 돕는 존재
이며 또한 그 분야의 전문가들이기 때문이다. 명상센터에 들어가
수행을 하는 경우도 마찬가지이다. 전통적인 명상센터에는 유능
한 지도자가 머문다. 또한 명상에 전념할 수 있도록 환경이 조성
되어 있다. 다들 열심히 명상에 임하는 분위기에 동화되면 저절
로 수행이 되는 듯한 기분마저 든다. 평소 어렵게 느껴지던 개인
적인 고민거리들이 아예 생각조차 나지 않는다. 이렇듯 명상의
실천은 주변 환경의 영향을 많이 받는다. 따라서 좋은 도반에 둘
러싸여 있다는 것은 수행의 전부를 완성한 것이나 다름없다고까

지 하였다(SN. I. 87~88쪽, 『잡아함경』 권46, 1238경).

그러나 진정 명상에 뜻을 둔 사람이라면 좋은 환경만을 바랄 수 없다. 더구나 출가자가 아닌 이상 명상센터에만 머물 수도 없는 처지이다. 각자 처한 여건에서 경제생활도 꾸려나가야 하고 자신에게 부과된 의무도 수행해야 한다. 사실 이러한 형편에서는 지속적으로 명상을 수행하기가 쉽지 않다. 따라서 틈이 날 때마다 훌륭한 스승과 좋은 수행 여건을 찾아나서는 일에 게으르지 말아야 한다. 일정 기간 동안 집중적인 명상을 행한 후라면 얼마간의 리듬을 지속할 수 있다. 그러한 방식으로 필요할 때마다 적합한 환경을 찾아가 배움의 시간을 갖는 것이 좋다. 그리고 어느 정도 자신감이 생겼을 때 차츰 홀로서기를 고려해 볼 필요가 있다. 바로 그때부터 명상 뿌리내리기가 시작된다고 할 수 있다.

일상에서 지속 가능한 명상을 실천하려면 무엇을 준비해야 할까. 앞서 언급했듯이 일단은 훌륭한 스승과 도반을 가까이해야 한다. 또한 명상의 의미를 제대로 알기 위한 최소한의 교리적 가르침이 요구된다고 할 수 있다. 더불어 불건전한 생활 습관을 다스리기 위한 적절한 계율의 준수가 따라야 한다. 이때 팔정도(八正道)에 입각한 전통적인 수행의 순서는 새겨둘 만한 가치를 지닌다. 팔정도의 덕목들은 올바른 명상을 위한 기본 토대를 제공한다고 할 수 있다.

이러한 여건들이 어느 정도 갖추어졌을 때, 그 다음 순서로 수행의 다섯 가지 요인(五根, pañcindriyāni)을 고려할 필요가 있다. 믿음(信, saddhā) · 노력(精進, viriya) · 마음지킴(念, sati) · 삼매(定, samādhi) · 지혜(慧根, paññā)가 그것이다. 다섯 가지 수행 요인들은 깨달음의 장애를 극복하는 데에 필요한 지배적 능력(adhipatiya)으로 일컬어지곤 한다(Vism. 679쪽). 『빠띠삼비다막가』에서는 이들을 통해 불신(不信) · 게으름(懈怠) · 부주의(放逸) · 들뜸(掉擧) · 어리석음(無明)을 순차적으로 제거한다고 설명한다(Ps. II. 1쪽 이하). 나아가 이들을 구비한 사람들과 교제하고 의지하면 종국에는 스스로도 모두를 구비할 수 있게 된다고 가르친다. 이러한 다섯 요인들은 수행을 진행하는 순서대로 배치되어 있다고 할 수 있다. 즉 믿음을 통해 마음을 깨끗이 하는 것으로부터 출발하여 지혜에 의해 궁극의 완성에 이른다고 할 수 있다. 이들 모두를 구비하고서 적절히 운용할 수 있다면 명상 뿌리내리기는 성공할 수 있을 것이다.

그렇다면 각각의 세부 내용은 어떠한가. 먼저 믿음이란 수행의 과정에서 가장 기본이 되는 것이라고 할 수 있다. 우리는 아직 완전한 깨달음을 얻지 못한 상태이므로 믿음에 의지할 수밖에 없다. 즉 불(佛) · 법(法) · 승(僧) 삼보(三寶)를 믿고 이를 지표로 삼아야 한다. 믿음이란 의심에 찌든 마음을 정화시키는 작용을 하며 맹목적인 믿음(blind faith)과는 엄격히 구별된다. 『청정도론』에서는 이에 대해 다음과 같이 해설한다. '〔믿음은〕 물을 정화하는 보석처럼 깨끗이 하는 것을 역할로 하며, 혹은 거센 물을 건널 때처럼 〔믿음의 대상을 향해〕 뛰어드는 것을 역할로 한다(Vism.

464쪽)．믿음이란 깨끗한 마음을 갖게 하여 붓다의 가르침을 빠르고 정확히 이해할 수 있도록 해주고, 또한 실천의 여정에 과감히 뛰어들도록 해준다는 의미이다.

노력이란 꿋꿋하게 수행에 매진하는 것을 의미한다. 즉 아직 생겨나지 않은 해로운 마음을 생겨나지 않게 하기 위해, 이미 생겨난 해로운 마음을 끊기 위해, 아직 생겨나지 않은 유익한 마음을 생겨나게 하기 위해, 이미 생겨난 유익한 마음을 더욱 충만하게 하기 위해 힘을 쓰는 것이다(Ps. II. 15쪽). 이와 관련하여 『청정도론』에서는 '용맹스러운 상태(vīrabhāvo)를 노력이라 한다. 이것은 부지런함을 특징으로 하고, 동시적으로 생겨난 〔유익한 마음들을〕 지탱시키는 역할을 한다(Vism. 464쪽).'라고 기술한다. 노력하는 사람들은 작은 기회가 주어지더라도 적극 활용하여 큰 결과를 얻어내곤 한다. 이것은 비단 수행의 영역에 국한된 것이 아니라 일상에서도 어렵지 않게 목격할 수 있는 교훈이다.

마음지킴이란 앞에서도 여러 차례 언급했지만, 불교명상에서 가장 핵심이 되는 요인이다. 이것은 현재 처한 상태에 대해 깨어 있는 마음을 유지하는 심리적 원리이다. 여러 경전에서는 이것을 감관의 문을 지키는 문지기에 비유하곤 한다(SN. IV. 194쪽; AN. IV. 111쪽; Vism. 464쪽 등). 예컨대 탐냄이나 성냄을 자극하는 무엇을 마주하고서 마음의 동요가 발생했다고 치자. 바로 그때 스스로의 처지를 환기하여 정신을 바짝 차리는 것이 마음지킴이다. 실제로 이 용어의 원어인 사띠(sati)는 잊지 않음(不忘) 혹은 상기

(想起)의 뜻을 지닌다. 마음지킴은 사마타(止)와 위빠사나(觀) 모두를 얻기 위한 수단이 된다. 이와 관련하여 경전에서는 '맹렬하게 물러남 없이 마음지킴과 알아차림을 행할 때 내부적인 고요함에 의한 사마타와 탁월한 지혜에 의한 위빠사나를 얻게 된다(AN. V. 99~100쪽).'라고 가르친다.

삼매란 마음의 동요가 가라앉아 고요히 집중된 의식 상태를 가리킨다. 이것은 넓게 보아 사마타(止)에 포함되는 것이라고 할 수 있다. 이 용어에 대해 『청정도론』에서는 '삼매란 대상에 마음을 〔집중하여〕 평온하게 유지하는 것이거나, 혹은 〔잡념이 없는 상태로 마음을〕 바르게 유지하는 것이거나, 혹은 단지 마음을 모으는 것이다. 이것은 방황하지 않거나 산만하지 않음을 특징으로 한다 (Vism. 464쪽).'라고 해설한다. 특히 삼매라는 용어는 선정(禪, jhāna)의 상태와 밀접한 관계에 놓인다. 예컨대 팔정도의 마지막 세부 덕목으로서 바른 삼매(正定)는 첫 번째 선정(初禪)에서부터 네 번째 선정(第四禪)에 이르는 네 가지 선정을 가리킨다(DN. II. 313쪽 등).

지혜란 사물의 본성을 꿰뚫는 능력을 가리킨다. 지혜는 명상을 통해 얻고자 하는 최종적인 것이다. 이와 관련하여 『니까야』에서는 '위빠사나를 닦으면 어떠한 목적을 이루는가. 지혜가 닦여진다.'라고 기술한다(AN. I. 61쪽). 한편 지혜를 통해 깨닫는 내용이 과연 무엇인지 의문이 있을 수 있다. 이에 대해서는 '어디에서 지혜라는 요인을 볼 수 있는가. 사성제(四聖諦)에서이다.'라고 기술한다(Ps. II. 14쪽). 즉 지혜를 통해 얻고자 하는 궁극의 진리는 사성제로 요약할 수 있다. 한편 『청정도론』에서는 '지혜는 현상의 본성을 꿰뚫는 것을 특징으로 하고, 제반 현상의 본성을 가리는 어리석음과 어두움을 파괴하는 것을 역할로 하며, 어리석지 않음을 나타남으로 한다(Vism. 438쪽)'라고 해설한다.

그런데 이들 다섯은 어떠한 방식으로 운용하느냐의 여부가 더욱 중요하다. 이와 관련하여 『청정도론』에서는 믿음은 지혜와 균형(samatā)을 이루어야 하고, 삼매는 노력과 균형을 이루어야 한다고 지적한다(Vism. 129~130쪽). 즉 지혜가 수반되지 않는 믿음은 맹목(muddha-pasanna)으로 흐르기 쉽고, 믿음이 수반되지 않는 지혜는 교만(kosajja)으로 이어진다고 가르친다. 나아가 삼매가 수반되지 않는 노력은 들뜸으로 이어질 수 있고, 노력이 수반되지 않는 삼매는 혼침과 무기력에 떨어지기 쉽다는 사실을 환기시킨다. 한편 마음지킴은 이상의 네 가지 요인 모두를 원활하게 해주는 것으로, 깨달음의 여정에서 가장 중요한 요인으로 언급된다. 이러한 방식으로 앞서의 네 가지 요인은 마음지킴이라는 천칭 저울 위에서 서로 균형을 이루어야 한다.

사실 믿음만을 강조하다 보면 지혜를 등한시하게 되고 지혜만을 중요시하다 보면 믿음을 잃기 십상이다. 또한 노력만을 앞세우다 보면 격앙되기 쉽고 안정만을 강조하다 보면 침체될 위험이 있다. 요컨대 어리석은 믿음도 문제이지만 교만한 지혜 또한 스스로를 망치는 원인이 된다. 이는 깨달음의 과정 뿐만 아니라 일상의 삶에서도 유념해야 할 교훈이다. 우리는 현재의 '나' 혹은 '나의 마음'이 어떠한 상태인지 냉정히 지켜보아야 한다. 그리하여 한쪽으로 치우친 구석이 발견된다면 균형을 이루도록 조처를 취해야 한다. 이와 같이 초기불교에서는 균형 잡힌 마음으로 수행해야 한다고 가르친다. 이것이야말로 홀로서기를 고려하는 수행자들이 깊이 명심해두어야 할 사항이다. 이러한 운용의 묘미를 터득하게 될 때 명상 뿌리내리기는 비로소 건실하게 자리를 잡을 수 있을 것이다.

|

자애로운 마음

살다 보면 왠지 불안해지는 경우가 있다. 꿈자리가 뒤숭숭하고 일도 잘 잡히지 않을 때가 있다. 뒤로 넘어져도 코가 깨진다고 했던가. 어찌된 영문인지 하는 일마다 시비와 구설이 따른다. 이곳 저곳에서 원성과 불만의 소리들이 들려온다. 공정하게 처신했다고 스스로 위로해보지만 씁쓸한 마음이 드는 것까지는 어찌할 수 없다. 이러한 상황에서는 명상도 잘 되지 않는다. 갖은 망상에 시달리기 일쑤며 명상을 한다는 자체가 피곤하게 여겨질 수도 있다. 이런 경우가 반복된다면 지금 자신이 하고 있는 일 전반에 대해 한 걸음 물러나 생각해보아야 한다. 과연 무엇 때문에 이토록 어려운 일들이 되풀이 되는지, 추진하고 있는 일에 억지나 무리가 있는 것은 아닌지, 나로 인해 다른 사람이 불편을 겪는 것은 아닌지, 나만의 생각에 갇혀 현실과 동떨어져 있는 것은 아닌지 돌이켜보아야 한다.

물론 아니 땐 굴뚝에 연기 날 리 없다. 따라서 각각의 문제를 철저히 파헤쳐 타당한 대책을 취하다 보면 하나씩 해결될 수 있을 것이다. 그러나 필자는 보다 근본적인 처방책으로 자애로운 마음을 제시하고자 한다. 필자는 여기에서 언급한 대부분의 사례들이 타인에 대한 배려의 마음이 결여되었을 때 발생한다고 본다. 자기밖에 모르는 이기적인 행실로 인해 알게 모르게 다른 사람들의 원성이 누적된 결과라고 생각한다. 이와 관련하여 다음의 경구는 참고할 만하다고 하겠다.

> 비구들이여, 어떤 집이라도 여자가 많고 남자가 적으면 도적이나 밤도둑의 해침을 받기 쉬운 것과 같이, 비구들이여, 어떠한 비구라도 자애로운 마음의 해탈을 닦지 않거나 반복하지 않으면, 그는 귀신(amanussehi)에 의한 해침을 받기 쉽다. (중략) 〔그러나〕 비구들이여, 어떠한 비구라도 자애로운 마음의 해탈을 닦고 반복하면, 그는 귀신에 의한 해침을 받지 않는다.(SN. II. 264쪽)

일반적으로 자애로운 마음은 분노라는 심리적 장애를 다스리기 위한 방법으로 권장된다(MN. I. 424). 분노는 자신과 타인 모두에게 피해를 준다. 이것은 화풀이를 당하는 사람에게도 해가 되지만 화를 내는 당사자의 인격을 파괴하는 것이기도 하다. 따라서 자애로운 마음을 닦는 것은 자신과 타인을 동시에 보호하는 것이 된다.

> 비구들이여, 자기를 보호하면서 남을 보호하고 남을 보호하면서 자기를 보호한다. 비구들이여, 그러면 어떻게 자신을 보호하면서 남을 보호하는가. 익힘과 닦음을 많이 행하는 것에 의해서이다. 비구들이여, 그러면 어떻게 남을 보호하면서 자신을 보호하는가. 인내와 비폭력과 자애와 연민의 마음에 의해서이다(SN. V. 169쪽).

자애의 마음은 일단 다른 사람을 보호하고 다른 사람들과의 관계를 개선시킨다. 당연히 이것은 나 스스로를 위한 것이 된다. 자애로운 마음은 빨리어(pāli)로 metta(멧따)라고 한다. 이것은 '사랑, 우호, 연민, 호감, 타인에 대한 적극적인 관심'이라는 의미를 지닌다. 이러한 자애의 마음은 원만한 일상의 삶을 위해 반드시 요구되는 덕목이라고 할 수 있으며, 본격적인 명상 뿌리내리기를 위해서도 빠뜨릴 수 없는 중요 항목이다.

> 자애로운 마음을 잊지 않고서 한량없이 닦아나가는 사람은 번뇌가 무너지는 것을 목격하게 되며 [수행의 장애가 되는] 족쇄들을 엷어지게 한다.(Iti. 21쪽; AN. IV. 150쪽)

즉 자애로운 마음은 내면의 평안을 추구하는 사람들에게 간과할 수 없는 수행의 요인이 된다. 따라서 이것은 세간(世間)과 출세간(出世間) 모두에 통하는 것이라고 할 수 있다.

『빠띠삼비다막가』에서는 자애로운 마음을 지닐 때 얻는 결실을 다음과 같이 열한 가지로 정리한다. '편안하게 잠든다. 편안하게 깨어난다. 악몽을 꾸지 않는다. 사람들의 사랑을 받는다. 사람이 아닌 이들에게 사랑을 받는다. 여러 신들이 보호한다. 이러한 사람은 불이나 독이나 칼이 해치지 못한다. 마음이 빠르게 삼매에 들어간다. 안색이 맑아진다. 노망하지 않고 죽음을 맞는다. 나아가 꿰뚫지 못하더라도 브라흐마의 세계에 도달한다(Ps. II. 130쪽; AN. V. 342쪽).' 우리는 상식적인 차원에서 이 가르침에 공감할 수 있다. 자애란 다른 사람들의 행복과 평안을 바라는 고결한 마음이다. 설령 신이 존재한다면 혹은 내세가 있다면 이러한 사람들부터 우선적으로 배려하지 않겠는가.

그러나 자애로운 마음을 지닌다고 해서 곧바로 올바른 식견이 갖추어지는 것은 아니다. 앞서 열거한 마지막 결실이 바로 그것을 의미한다. 즉 내세에 브라흐마(brahma)가 관장하는 천상의 세계에 태어날 수 있지만, 현재의 삶에서 진리를 꿰뚫는 지혜가 반드시 보장되는 것은 아니다. 따라서 자애로운 마음은 위빠사나라는 통찰 명상의 기반 혹은 바탕으로 언급되는 것이 일반적이다. 우리는 자애로운 마음을 고양시킴으로써 편안해진 심경으로 선정(禪, jhāna)의 상태에 몰입할 수 있다. 나아가 그러한 차분한 상태에서 진리를 통찰하는 위빠사나로 전향할 수도 있다(MN. I. 351쪽). 심지어 일부 경전에서는 자애의 계발만으로도 깨달음(aññā)에 이를 수 있는 가능성을 언급을 하기도 한다(SN. V. 131쪽). 그러나 전반적으로 자애로운 마음은 명상의 뿌리를 굳건히 해주는 밑거름 역할을 하는 것으로 인정되고 있다.

자애로운 마음을 개발하는 데에는 두 가지 방법이 제시된다. 하나는 일상에서 몸과 입으로 행동을 할 때 자애의 마음으로 하는 것을 말한다(MN. I. 224쪽; MN. II. 250쪽). 예컨대 웃어른을 대하거나 선배를 대할 때 혹은 도반들을 마주할 때 자애로운 마음을 유지하는 것이다. 이것은 사랑과 존경 그리고 평화와 조화를 이끌어내는 원리가 된다. 한편 자애로운 마음은 명상 테크닉(bhāvanā)을 통해 개발되기도 한다. 즉 반복적인 훈련을 통해 다른 사람들의 행복과 평안을 바라는 마음을 강화할 수 있다. 자애의 염원을 일정한 방향 혹은 특정 인물에게 집중적으로 방사하는 연습이 그것이다(AN. I. 183; Ps. II. 131쪽 이하). 이와 관련하여 『청정도론』에서는 자신을 출발점으로 삼아 가까운 사람들을 거쳐 먼 사람들에게로 확대해나가는 자애의 연마 과정을 상세히 기술한다(Vism. 296쪽 이하).

자신에게 자애의 마음이 있는지 돌이켜 볼 일이다. 자신을 사랑하지 않는 사람은 다른 사람을 사랑하는 것도 불가능하다고 했다. 그렇다면 우선 스스로에게 자애의 염원을 불어 넣어야 할 것이다. '부디 나 자신에게 자애의 마음이 충만하기를, 육체적으로 건강하고 정신적으로 평안하기를, 그리하여 더욱 행복하기를(하략).' 이러한 문구를 되뇌는 것을 통해 자애의 마음을 깊이 수용할 수 있을 것이다. 그리하여 충분히 익숙해졌을 때 주변 사람들에게도 확대·적용할 수 있을 것이다. '부디 그대가 괴로움과 슬픔에서 벗어나기를, 육체적으로 건강하고 정신적으로 평안하기를, 그리하여 더욱 행복하기를(하략).' 이러한 수행을 통해 우리는 모든 존재의 행복에 기꺼이 동참하는 열린 마음을 가질 수 있다. 이러한 마음이 전제될 때 명상 홀로서기는 더욱 탄력을 받는다.

|

경전 읽기

명상을 뿌리내리기 위한 요건으로 필자는 두 가지를 꼽는다. 다섯 가지의 수행 요인들(五根)과 자애로운 마음의 개발이다. 필자는 개인적으로 상당한 기간 동안 명상의 실천에 전념할 수 있는 행운을 누렸다. 그러한 체험 속에서 이들 두 가지가 전제된다면 큰 어려움 없이 홀로 계속 수행할 수 있으리라 확신하게 되었다. 여기에 초기불교를 전공하는 입장에서 언급하고 싶은 또 하나의 중요한 요건이 바로 경전 읽기이다.

　필자는 집중적인 수행 기간에는 경전이라 할지라도 접어 두었다. 경전의 가르침과 실제 수행 사이에는 간극이 있을 수밖에 없으며, 특히 명상의 실천에서 언어적·분석적 사고는 장애로 작용할 수 있기 때문이다. 명상을 행할 때 언어적 사고는 그 자체가 일종의 통찰 대상이 되어야 한다. 이 점을 망각하면 전형적인 번 뇌 놀음에 희생될 수 있다. 흔히 궁극의 진리는 언어를 초월한다고 한다. 틀린 말은 아닐 것이다. 그러나 이 시점에서 필자는 언어의 유용성을 무턱대고 부정해서도 안 된다고 생각한다. 우리는 경전의 말씀을 좌표로 삼아야 하며 그것을 통해 자신의 체험이 옳고 그른지 확인해야 한다. 따라서 수행의 영역에서 언어는 양날을 지닌 칼과 같다고 할 수 있다. 이를 부정하면 명상의 가르침 자체를 받아들일 수 없고 그 결과마저 확인할 길이 없다. 그렇다고 지나치게 이에 의존하면 수행 자체가 말장난 혹은 언어유희에 그칠 위험이 있다.

경전이 중요한가 아니면 수행 자체가 중요한가. 기원전 1세기 무렵 스리랑카에서는 전쟁과 기근으로 수많은 사람들이 죽는 참상이 발생했다고 한다. 그리하여 학식이 높았던 승려들도 하나 둘씩 사라졌고, 경전을 암송하여 전승하는 전통마저 무너지지 않을까 하는 위기의식이 팽배해졌다고 한다. 재난이 일단락된 후 승가회의가 소집되었는데, 거기에서 개인적인 실천·수행보다는 교학(敎學)을 불교의 근본으로 삼아야 한다는 입장이 공식화되었다고 한다. 당시 교학을 중시했던 승려들은 '무엇을 실천해야 하는가에 대한 경전의 가르침이 없다면, 어떤 수행을 실천할 수 있겠는가?'라는 논지를 폈다고 한다. 이 물음에 대해 수행이 더 중요하다고 생각했던 승려들은 침묵을 지킬 수밖에 없었으며, 바로 그 회의가 스리랑카의 불교 전통을 결정하는 중요한 사건이 되었다고 한다.

　이후 스리랑카의 승려들에게는 두 가지 임무가 생겼다고 한다. 첫째는 경전 연구의 임무였고 둘째는 명상 수행의 임무였다고 한다. 더불어 명상 수행은 교학에 전념할 수 없는 지적 수준이 낮은 승려들에게 적합한 것이라는 분위기가 현저해졌다고 한다. 이러한 일화는 북방불교의 선불교(禪佛敎) 전통에 속한 우리의 분위기와는 대조적이다. 우리에게는 교외별전(敎外別傳)이라든가 불립문자(不立文字)와 같은 어구들이 전해진다. 즉 '진리는 언어적 가르침을 통하지 않고 전해지며', '어구나 문자에 의존하지 않는 것'이라는 의미이다. 이와 같이 남방불교와 북방불교의 수행 전통은 매우 상이하며, 이러한 이질성은 우리에게 혼란을 불러일으킬 수 있다. 그러나 이들 전통은 각기 다름에도 불구하고 독자적인 나름의 설득력을 지닌다. 즉 삶의 진실은 언어적 개념적 사고로 한정될 수 없지만, 언어를 통하지 않고서 그것을 묘사하는 방법은 존재하지 않는다는 의미이다.

　교외별전과 불립문자를 표방하는 선불교의 가르침은 실재(reality)의 세계에 더욱 바짝 다가서게 한다. 실제로 우리는 내면으로 체험하는 미묘한 느낌과 감각들을 마주하면서 언어의 한계가 무엇인지 절감하게 된다. 또한 있는 그대로를 통찰하는 과정에서 언어로 인해 갖가지 선입견과 편견이 조장될 수도 있다는 사실을 잘 알고 있다.

　경전의 가르침과 언어를 경시하는 풍조가 수십 년 혹은 수백

년에 걸쳐 계속된다고 가정해보자. 시대와의 소통에 문제가 발생하지 않을 수 없다. 언어의 위험성을 지적하기 위해서라도 언어를 사용할 수밖에 없다. 적절한 가르침도 접하지 못하고 타당한 점검 수단도 없는 상황이라면 차라리 명상을 그만두는 편이 현명할 것이다. 『청정도론』에서는 본격적인 명상의 실천을 원하는 사람들에게 다음의 가르침을 전한다.

> 번뇌가 다한 성자를 만난다면 그것은 유익하다. 만약 만나지 못한다면 불환을 이룬 성자(不還者), 일래의 성자(一來者), 예류의 성자(預流者), 선정을 익힌 범부, 세 부류의 경전(三藏)에 통달한 자, 두 부류의 경전(二藏)에 통달한 자, 한 부류의 경전(一藏)에 통달한 자들을 순서대로 〔찾아야 한다.〕 만약 한 부류의 경전에 통달한 자도 만날 수 없다면, 해설서와 함께 단 하나의 경전에라도 능통한 자로서 부끄러워할 줄 아는 사람으로부터 〔명상의 방법을〕 얻어야 한다.(Vism. 99쪽)

번뇌를 다한 아라한으로부터 명상을 배운다는 것은 최고의 행운일 것이다. 혹은 범부일지라도 선정에 능통한 사람이 있다면 그로부터 가르침을 얻을 수 있을 것이다. 그러나 그러한 형편도 안 된다면 경전에 능통한 사람의 도움을 얻어야 한다. 경장(經藏)·율장(律藏)·논장(論藏)의 삼장 전체가 아니더라도, 최소한 하나의 경전에라도 능통한 이로서 스스로 부끄러워할 줄 아는 사람이 있다면, 그러한 자질을 갖춘 사람을 스승으로 삼을 수 있을 것이다.

초기불교 경전은 대체로 수행의 과정에서 명심해야 할 기술적인 문제들을 다루고 있으며 그것에 의존해 각자의 수행을 건실한 방향으로 이끈다. 또한 이를 통해 그간의 실천에 대한 평가와 반성을 할 수 있으며, 명상에서 얻는 귀한 체험들을 더욱 성숙된 수행과 인격을 위한 밑거름으로 활용할 수 있다. 『빠띠삼비다막가』에서는 아라한(阿羅漢道, arahattamagga)이라는 경지도 언어적 사고(語行)가 작동하는 첫 번째 선정(初禪)의 심리적 상태에서 이루어진다고 밝힌다(Ps. I. 169~170쪽). 즉 언어도 사라지고 호흡도 끊긴 고원한 선정의 상태에서가 아니라, 일상적인 의식이 살아 있는 가장 낮은 단계의 선정 속에서 궁극의 도(道, magga)가 얻어진다고 명시한다. 아무리 고매한 체험이라고 할지라도 일상의 의식으로 돌아올 때 비로소 적극적인 의의를 지닐 수 있다.

우 떼자니야 사야도의 명상 안내문

마지막으로 마음에 대한 관찰(心念處)을 위주로 위빠사나를 가르치는 우 떼자니야 사야도(U Tejaniya Sayadaw)의 명상 안내문을 소개한다. 필자는 한동안 쉐우민명상센터(Shwe Oo Min Meditation Center)에 머물면서 그분의 지도를 받은 적이 있다. 그때의 경험을 통해 필자는 그 이전의 수행에서 간과되었던 개인적인 문제점을 인식할 수 있었고, 또한 위빠사나의 실제에 보다 가까이 다가설 수 있었다. 그의 가르침을 집약한 다음 안내문은 명상에 대해 진지한 접근을 시도하는 이들에게 많은 참고가 될 것이다.

수행하는 동안 가장 중요한 것은 바른 마음가짐입니다.
집중해서 관찰하지 말고
억제해서 관찰하지 말고
억지로 관찰하지 말고
구속해서 관찰하지 말고
일어나도록 하지 말고
없어지도록 하지 마십시오.
일어나는 대로
없어지는 대로
잊지 말고 알고 있어야 합니다.

일어나도록 할 것 같으면 욕심(lobha),
없어지도록 할 것 같으면 분노(dosa),
일어나고 없어지는 것을 알지 못하면 어리석음(moha)입니다.
관찰하는 마음에 욕심 · 분노 · 근심 · 걱정이 없어야만
바르게 관찰하는 것이 됩니다.

'어떠한 마음가짐으로 수행을 하고 있는가.'라고

다시 점검해보아야 합니다.
바라는 마음이 없어야 하고
원하는 마음이 없어야 하고
염려하는 마음도 없어야 합니다.
그와 같은 조급한 마음들이
보는 마음 안에 도사리고 있을 것 같으면
수행이 제대로 되지 않습니다.

마음으로 무슨 일을 하고 있는가.
망상을 하고 있는가.
그것을 알고 있는가.
마음이 어디에 가 있는가.
안에 있는가.
밖에 있는가.
알고 있는 마음
보고 있는 마음이
확실하게 알고 있는가.
대강 알고 있는가.

수행하는 마음은
차분하고 평화로우며
자유롭고 가벼워야 합니다.

몸과 마음에 편안함이 있어야 합니다.

마음이 긴장해서는

수행을 할 수 없습니다.

마음이 피곤하고 괴로우면

수행에 뭔가 하나가 결여된 것입니다.

몸과 마음이 피곤하고 괴로워지면

수행하는 것을

다시 점검해보아야만 합니다.

바른 마음가짐이 있는가.

원하는 마음으로

되게 하고자 하는 마음으로

애쓰지 마십시오.

힘든 것만 남을 뿐입니다.

보이는 대상은 중요하지 않습니다.

한 걸음 뒤에 떨어져 머무는 마음,

보고 있는 마음가짐이 더 중요합니다.

보고 있는 마음가짐이 바르면

올바른 관찰 대상을 얻을 수 있습니다.

무엇 때문에 이토록 집중해서 보고 있는가.

원하는 마음,

되게 하고자 하는 마음,

없애고자 하는 마음,

그들 중 어느 하나가 들어 있습니다.

수행을 한다는 것은

좋든지 싫든지

무엇이 발생하든지

모두 받아들이고

차분하게 지긋이 관찰하는 것일 뿐입니다.

좋은 것만을 원하고

나쁜 것을 멀리하려 한다면

옳지 않습니다.

좋은 것도 보아야 하고

나쁜 것도 보아야 할 뿐입니다.

명상의 지침이 되는 초기불교경전

형이상학적 난제와 사성제(SN. V. 418~419쪽)

비구들이여, 해롭고 유익하지 못한 사고(思考)를 마음에 품지 말라(ma cittaṃ cinteyyātha). "세상은 영원하다."라거나, "세상은 영원하지 않다."라거나, "세상은 끝이 있다."라거나, "세상은 끝이 없다."라거나, "영혼과 육체는 같다."라거나, "영혼과 육체는 다르다."라거나, "여래는 사후에도 존재한다."라거나, "여래는 사후에 존재하지 않는다."라거나, "여래는 사후에 존재하기도 하고 존재하지 않기도 한다."라거나, "여래는 사후에 존재하지 않기도 하고 존재하지 않는 것이 아니기도 하다."라는 따위의 [해롭고 유익하지 못한 사고를 마음에 품지 말라.] 그것은 무슨 이유에서인가?

비구들이여, 그러한 사고(cintā)는 유익하지 않으며, 청정한 생활의 근본이 되지 못하며, 〔쾌락적 삶에 대한〕 싫어함·탐욕의 떠남·〔괴로움의〕 소멸·고요함·신통한 앎·완전한 깨달음·열반으로 이끌지 못하기 때문이다.

비구들이여, 그러므로 사고를 하려거든, "이것은 고통이다."라는 사고를 하여라. "이것은 고통의 원인이다."라는 사고를 하여라. "이것은 고통의 소멸이다."라는 사고를 하여라. "이것은 고통의 소멸에 이르는 길이다."라는 사고를 하여라. 그것은 무슨 이유에서인가?

비구들이여, 그러한 사고는 유익하며, 청정한 생활의 근본이 되며, 〔쾌락적 삶에 대한〕 싫어함·탐욕의 떠남·〔괴로움의〕 소멸·고요함·〔SN. V. 419〕 신통한 앎·완전한 깨달음·열반으로 이끌기 때문이다. 그러므로 비구들이여, "이것은 괴로움이다."라는 수행을 해야 한다(yogo karanīyo). "이것은 괴로움의 원인이다."라는 수행을 해야 한다. "이것은 괴로움의 소멸이다."라는 수행을 해야 한다. "이것은 괴로움의 소멸에 이르는 길이다."라는 수행을 해야 한다.

무상과 무아에 대한 해설(SN. Ⅲ. 66~68쪽)

마가다의 바라나시에서 기원한 〔말씀〕.

거기에서 세존께서는 다섯의 비구 무리에게 말씀하였다. 비구들이여. 그러자 그들 비구는 대답했다. 예, 세존이시여.

비구들이여, 물질현상(色, rūpa)은 자기 자신이 아니다(無我, anattā). 비구들이여, 물질현상이 자기 자신(我, attā)이라면 그러한 물질현상을 소멸되지 않〔게 할 수 있〕을 것이다. "물질현상에 대해 나에게 이러한 물질현상은 있어라, 저러한 물질현상은 있지 말라."라고 할 수 있을 것이다.

그러나 비구들이여, 물질현상은 자기 자신이 아니다. 그러한 까닭에 물질현상은 저절로 소멸된다. 물질현상에 대해 "나에게 이러한 물질현상은 있어라, 저러한 물질현상은 있지 말라."라고 할 수 없다.

비구들이여, 느낌(受, vedanā)은 자기 자신이 아니다. 비구들이여, 느낌이 자기 자신(我)이라면 그러한 느낌을 소멸되지 않〔게 할 수 있〕을 것이다. 〔SN. Ⅲ. 67〕 느낌에 대해 "나에게 이러한 느낌은 있어라, 저러한 느낌은 있지 말라."라고 할 수 있을 것이다.

그러나 비구들이여, 느낌은 자기 자신이 아니다. 그러한 까닭에 느낌은 저절로 소멸된다. 느낌에 대해 "나에게 이러한 느낌은 있어라, 저러한 느낌은 있지 말라."라고 할 수 없다.

비구들이여, 지각(想, sañña)은 자기 자신이 아니다. 비구들이여, 지각이 자기 자신이라면 그러한 지각을 소멸되지 않[게 할 수 있]을 것이다. 지각에 대해 "나에게 이러한 지각은 있어라, 저러한 지각은 있지 말라."라고 할 수 있을 것이다.

그러나 비구들이여, 지각은 자기 자신이 아니다. 그러한 까닭에 지각은 저절로 소멸된다. 지각에 대해 "나에게 이러한 지각은 있어라, 저러한 지각은 있지 말라."라고 할 수 없다.

비구들이여, 지음(行, saṅkhārā)은 자기 자신이 아니다. 비구들이여, 지음이 자기 자신이라면 그러한 지음을 소멸되지 않[게 할 수 있]을 것이다. 지음에 대해 "나에게 이러한 지음은 있어라, 저러한 지음은 있지 말라."라고 할 수 있을 것이다.

그러나 비구들이여, 지음은 자기 자신이 아니다. 그러한 까닭에 지음은 저절로 소멸된다. 지음에 대해 "나에게 이러한 지음은 있어라, 저러한 지음은 있지 말라."라고 할 수 없다.

비구들이여, 의식(識, viññāna)은 자기 자신이 아니다. 비구들이여, 의식이 자기 자신이라면 그러한 의식을 소멸되지 않(게 할 수 있)을 것이다. 의식에 대해 "나에게 이러한 의식은 있어라, 저러한 의식은 있지 말라."라고 할 수 있을 것이다.

그러나 비구들이여, 의식은 자기 자신이 아니다. 그러한 까닭에 의식은 저절로 소멸된다. 의식에 대해 "나에게 이러한 의식은 있어라, 저러한 의식은 있지 말라."라고 할 수 없다.

비구들이여, 이것을 어떻게 생각하느냐? 물질현상(色)은 항상하는가 혹은 무상한가?

세존이시여, 무상합니다. 그렇다면 무상한 그것은 괴로운 것인가 혹은 즐거운 것인가? 세존이시여, 괴로운 것입니다. 무상하고 괴롭고 변화하는 그것을 보면서, "이것은 '나의 것'이고 이것은 '나'이며 이것은 '나의 자아'다."라고 생각하는 것은 옳은가? 세존이시여, 그것은 그렇지 않습니다.

느낌(受)은 항상하는가 혹은 무상한가? 세존이시여, 무상합니다. 그렇다면 무상한 그것은 괴로운 것인가 혹은 즐거운 것인가? 세존이시여, 괴로운 것입니다. 무상하고 괴롭고 변화하는 그것을 보면서, "이것은 '나의 것'이고 이것은 '나'이며 이것은 '나의 자아'다."라고 생각하는 것은 옳은가? 세존이시여, 그것은 그렇지 않습니다.

지각(想)은 항상하는가 혹은 무상한가? 세존이시여, 무상합니다. 그렇다면 무상한 그것은 괴로운 것인가 혹은 즐거운 것인가? 세존이시여, 괴로운 것입니다. 무상하고 괴롭고 변화하는 그것을 보면서, "이것은 '나의 것'이고 이것은 '나'이며 이것은 '나의 자아'다."라고 생각하는 것은 옳은가? 세존이시여, 그것은 그렇지 않습니다.

지음(行)은 항상하는가 혹은 무상한가? 세존이시여, 무상합니다. 그렇다면 무상한 그것은 괴로운 것인가 혹은 즐거운 것인가? 세존이시여, 괴로운 것입니다. 무상하고 괴롭고 변화하는 그것을 보면서, "이것은 '나의 것'이고 이것은 '나'이며 이것은 '나의 자아'다."라고 생각하는 것은 옳은가? 세존이시여, 그것은 그렇지 않습니다.

의식(識)은 항상하는가 혹은 무상한가? 세존이시여, 무상합니다. 그렇다면 무상한 그것은 괴로운 것인가 혹은 즐거운 것인가? [SN. III. 68] 세존이시여, 괴로운 것입니다. 무상하고 괴롭고 변화하는 그것을 보면서, "이것은 '나의 것'이고 이것은 '나'이며 이것은 '나의 자아'다."라고 생각하는 것은 옳은가? 세존이시여,

그것은 그렇지 않습니다.

　비구들이여, 그러므로 어떠한 물질현상(色)일지라도, 즉 과거의 것이든 미래의 것이든 현재의 것이든, 내부적인 것이든 외부적인 것이든, 거친 것이든 미세한 것이든, 비천한 것이든 고귀한 것이든, 가까이에 있는 것이든 멀리에 있는 것이든, 일체의 물질현상(色), 그것은 '나의 것'이 아니고, 그것은 '내'가 아니며, 그것은 '나의 자아'가 아니다. 바로 이와 같이 있는 그대로 바른 지혜로써 보아야 한다.

　어떠한 느낌(受)일지라도, 즉 과거의 것이든 미래의 것이든 현재의 것이든, 내부적인 것이든 외부적인 것이든, 거친 것이든 미세한 것이든, 비천한 것이든 고귀한 것이든, 가까이에 있는 것이든 멀리에 있는 것이든, 일체의 느낌, 그것은 '나의 것'이 아니고, 그것은 '내'가 아니며, 그것은 '나의 자아'가 아니다. 바로 이와 같이 있는 그대로 바른 지혜로써 보아야 한다.

　어떠한 지각(想)일지라도, 즉 과거의 것이든 미래의 것이든 현재의 것이든, 내부적인 것이든 외부적인 것이든, 거친 것이든 미세한 것이든, 비천한 것이든 고귀한 것이든, 가까이에 있는 것이든 멀리에 있는 것이든, 일체의 지각, 그것은 '나의 것'이 아니고, 그것은 '내'가 아니며, 그것은 '나의 자아'가 아니다. 바로 이와 같이 있는 그대로 바른 지혜로써 보아야 한다.

어떠한 지음(行)일지라도, 즉 과거의 것이든 미래의 것이든 현재의 것이든, 내부적인 것이든 외부적인 것이든, 거친 것이든 미세한 것이든, 비천한 것이든 고귀한 것이든, 가까이에 있는 것이든 멀리에 있는 것이든, 일체의 지음, 그것은 '나의 것'이 아니고, 그것은 '내'가 아니며, 그것은 '나의 자아'가 아니다. 바로 이와 같이 있는 그대로 바른 지혜로써 보아야 한다.

어떠한 의식(識)일지라도, 즉 과거의 것이든 미래의 것이든 현재의 것이든, 내부적인 것이든 외부적인 것이든, 거친 것이든 미세한 것이든, 비천한 것이든 고귀한 것이든, 가까이에 있는 것이든 멀리에 있는 것이든, 일체의 의식, 그것은 '나의 것'이 아니고, 그것은 '내'가 아니며, 그것은 '나의 자아'가 아니다. 바로 이와 같이 있는 그대로 바른 지혜로써 보아야 한다.

비구들이여, 이와 같이 보고 듣는 거룩한 제자는 물질현상에 대해 싫어하게 된다. 느낌에 대해 싫어하게 된다. 지각에 대해 싫어하게 된다. 지음에 대해 싫어하게 된다. 의식에 대해 싫어하게 된다. 싫어하게 되면서 탐욕으로부터 떠난다. 탐욕으로부터 떠나면서 해탈한다. 해탈했을 때 해탈했다는 지혜가 있게 된다. 태어남은 다했고, 청정한 행위는 완성되었으며, 행해야 할 일을 마쳤고, 다시는 '이러한 상태로 향함'이 없다고 알아차린다.

이와 같이 세존께서 말씀하셨다. 그러자 다섯의 비구 무리는 세존께서 하신 말씀에 대해 기뻐하며 즐거워했다. 바로 이 말씀이 행해질 때, 다섯의 비구 무리는 집착과 번뇌로부터 마음이 해탈하였다.

사성제에 대한 해설(SN. V. 420~423쪽)

〔진리의 수레바퀴를 굴리는 경전〕

이와 같이 나는 들었다. 한때 세존께서는 바라나시의 이시빠따나에 있는 사슴동산에 머무셨다. 〔SN. V. 421〕 거기에서 세존께서는 다섯의 비구 무리에게 말씀하셨다. 비구들이여, 출가자는 이들 두 가지 극단을 멀리해야 한다. 두 가지란 무엇인가?

쾌락 속에서 쾌락에 빠져 즐거움에 몰두하는 것은 천한 짓이며 하찮은 짓이며 범속한 짓이며 거룩하지 못한 짓으로 유익하지 못하다. 또한 자신을 괴롭히는 데에 몰두하는 것은 고통스러우며 거룩하지 못한 짓으로 유익하지 못하다. 비구들이여, 여래는 이들 두 가지 극단을 가까이 하지 않고 중도(中道)를 실현하였느니, 〔그것은〕 눈을 만드는 것이고 지혜를 만드는 것이고 신통한 앎과 완전한 깨달음과 열반으로 나아가는 것이다.

비구들이여, 여래가 실현한 그것, 즉 눈을 만들고, 지혜를 만들고, 신통한 앎과 완전한 깨달음으로 나아가는 중도란 무엇인가? 그것은 거룩한 여덟 가지의 길이니, 바른 견해(正見)·바른 의향(正思惟)·바른 언어(正語)·바른 행위(正業)·바른 삶(正命)·바른 노력(正精進)·바른 마음지킴(正念)·바른 삼매(正定)이다. 비구들이여, 이것이 여래가 실현한 그것, 즉 눈을 만들고 지혜를 만들고 신통한 앎과 완전한 깨달음으로 나아가는 중도이다.

비구들이여, 이와 같이 '고통이라는 거룩한 진리(苦聖諦)'가 있다. 즉 태어남도 고통이요, 늙음도 고통이요, 병듦도 고통이요, 죽음도 고통이요, 슬픔·비탄·괴로움·불쾌함·번민도 고통이다. 또한 사랑하지 않는 사람과 만나는 것도 고통이요, 사랑하는 사람과 헤어지는 것도 고통이며, 얻고자 하는 것을 얻지 못하는 것도 고통이다. 요컨대 다섯 가지 집착된 경험요소(五取蘊)가 고통이다.

비구들이여, 이와 같이 '고통의 원인이라는 거룩한 진리(苦集聖諦)'가 있다. 즉 갈애으로서, 또 다른 태어남으로 나가는 것이고, 즐기고 탐하는 것이며, 여기저기에 기뻐하는 것이다. 예컨대 쾌락에 대한 갈애(慾愛, kāma-taṇhā)·있음에 대한 갈애(有愛, bhava-taṇhā)·있지 않음에 대한 갈애(非有愛, vibhava-taṇhā)이다.

비구들이여, 이와 같이 '고통의 소멸이라는 거룩한 진리(苦滅聖諦)'가 있다. 즉 남김 없는 탐욕의 버림에 의한 갈애의 소멸로서, 〔이것은 곧〕 포기 · 버림 · 벗어남 · 집착 없음이다.

비구들이여, 이와 같이 '고통의 소멸에 이르는 〔SN. V. 422〕 길이라는 거룩한 진리(苦滅道聖諦)'가 있다. 즉 거룩한 여덟 가지의 길로서, 〔이것은 곧〕 바른 견해 · 바른 의향 · 바른 언어 · 바른 행위 · 바른 삶 · 바른 노력 · 바른 마음지킴 · 바른 삼매이다.

비구들이여, 〔1〕 '이와 같이 고통이라는 거룩한 진리가 있다'는 이전에 들어보지 못한 법에 대해 나에게 눈이 생겨났고 지혜가 생겨났고 통찰이 생겨났고 밝음이 생겨났고 광명이 생겨났다. 비구들이여, 다시 〔2〕 '이와 같은 고통이라는 거룩한 진리를 완전히 이해해야 한다(pariññeyya)'는 이전에 들어보지 못한 법에 대해 나에게 눈이 생겨났고 지혜가 생겨났고 통찰이 생겨났고 밝음이 생겨났고 광명이 생겨났다. 비구들이여, 다시 〔3〕 '이와 같은 고통이라는 거룩한 진리를 완전히 이해했다(pariññata)'는 이전에 들어보지 못한 법에 대해 나에게 눈이 생겨났고 지혜가 생겨났고 통찰이 생겨났고 밝음이 생겨났고 광명이 생겨났다.

비구들이여, 〔4〕 '이와 같이 고통의 원인이라는 거룩한 진리가 있다'는 이전에 들어보지 못한 법에 대해 나에게 눈이 생겨났고 지혜가 생겨났고 통찰이 생겨났고 밝음이 생겨났고 광명이 생겨났다. 비구들이여, 다시 〔5〕 '이와 같은 고통의 원인이라는 거룩한 진리를 끊어야 한다(pahātabba)'는 이전에 들어보지 못한 법에 대해 나에게 눈이 생겨났고 지혜가 생겨났고 통찰이 생겨났고 밝음이 생겨났고 광명이 생겨났다. 비구들이여, 다시 〔6〕 '이와 같은 고통의 원인이라는 거룩한 진리를 끊었다(pahīna)'는 이전에 들어보지 못한 법에 대해 나에게 눈이 생겨났고 지혜가 생겨났고 통찰이 생겨났고 밝음이 생겨났고 광명이 생겨났다.

비구들이여, 〔7〕 '이와 같이 고통의 소멸이라는 거룩한 진리가 있다'는 이전에 들어보지 못한 법에 대해 나에게 눈이 생겨났고 지혜가 생겨났고 통찰이 생겨났고 밝음이 생겨났고 광명이 생겨났다. 비구들이여, 다시 〔8〕 '이와 같은 고통의 소멸이라는 거룩한 진리를 실현해야 한다(sacchikātabba)'는 이전에 들어보지 못한 법에 대해 나에게 눈이 생겨났고 지혜가 생겨났고 통찰이 생겨났고 밝음이 생겨났고 광명이 생겨났다. 비구들이여, 다시 〔9〕 '이와 같은 고통의 소멸이라는 거룩한 진리를 실현했다(sacchikata)'는 이전에 들어보지 못한 법에 대해 나에게 눈이 생겨났고 지혜가 생겨났고 통찰이 생겨났고 밝음이 생겨났고 광명이 생겨났다.

비구들이여, 〔10〕 '이와 같이 고통의 소멸에 이르는 길이라는 거룩한 진리가 있다'는 이전에 들어보지 못한 법에 대해 나에게 눈이 생겨났고 지혜가 생겨났고 통찰이 생겨났고 밝음이 생겨났고 광명이 생겨났다. 비구들이여, 다시 〔11〕 '이와 같은 고통의 소멸에 이르는 길이라는 거룩한 진리를 닦아야 한다(bhāvetabba)'는 이전에 들어보지 못한 법에 대해 나에게 눈이 생겨났고 지혜가 생겨났고 통찰이 생겨났고 밝음이 생겨났고 광명이 생겨났다. 비구들이여, 다시 〔12〕 '이와 같은 고통의 소멸에 이르는 길이라는 거룩한 진리를 닦았다(bhāvita)'는 이전에 들어보지 못한 법에 대해 나에게 눈이 생겨났고 지혜가 생겨났고 통찰이 생겨났고 밝음이 생겨났고 광명이 생겨났다.

비구들이여, 나는 〔깨달음을 얻기〕 이전에 이러한 네 가지 거룩한 진리(四聖諦, cattāri ariyasaccāni)에 대해 세 번에 걸친 열두 가지 양상(三轉十二行相)으로 있는 그대로를 여실한 지혜와 견해로써 청정하게 보지 못했다. 〔SN. V. 423〕 비구들이여, 그러했던 한 나는 신들이 사는 세계, 마라가 사는 〔세계〕, 브라흐마가 사는 〔세계〕, 사문과 바라문의 인간 〔세계〕, 신과 인간의 〔세계에 대해〕 "위없는 바른 깨달음(無上正等正覺, anuttaraṃ sammāsambodhi)을 완전히 깨달았다."라고 선언하지 않았다.

비구들이여, 이후 나는 이들 네 가지 거룩한 진리에 대해, 세 번에 걸친 열두 가지 양상으로 있는 그대로를 여실한 지혜와 견해로써 청정하게 보았다. 그리하여 비구들이여, 나는 신들이 사는 세계, 마라가 사는 [세계], 브라흐마가 사는 [세계], 사문과 바라문의 인간 [세계], 신과 인간의 [세계에 대해], "위없는 바른 깨달음을 완전히 깨달았다."라고 선언하였다.

이와 같이 세존께서 말씀하셨다. 그러자 다섯의 비구 무리는 세존의 말씀에 기뻐하며 즐거워했다. 그리고 이러한 가르침이 설해질 때, 존자 꼰단냐에게 번뇌가 없고 더러움이 없는 진리의 눈이 생겨났다. "일어나는 모든 현상은 곧 사라진다."라고 하는 [진리의 눈이 생겨났다.] (하략)

다섯 가지 경험요소의 발생(「잡아함경」 제13권, 306경)

나는 이와 같이 들었다. 어느 때 세존께서는 사밧띠의 제타 숲에 있는 아나타삔디까 동산에 계시었다. 그때 어떤 비구가 고요한 곳에 홀로 머물며 오롯하게 명상을 하다가 이러한 생각을 일으켰다. '출가한 자로서 어떻게 알고 어떻게 보아야 진리를 알 수 있겠는가.'라고. 이렇게 생각한 후에 명상에서 일어나 좌선을 마치고 부처님이 계신 곳으로 나아갔다. 나아간 연후에 부처님께 머리를 조아려 그 발에 예배를 올리고 한쪽에 물러나 앉았다. 그리고 부처님께 다음과 같이 여쭈었다.

세존이시여, 저는 고요한 곳에 홀로 머물며 오롯하게 명상을 하다가 이러한 생각을 일으켰습니다. '출가한 자로서 어떻게 알고 어떻게 보아야 진리를 알 수 있겠는가.'라고 말입니다.

그러자 세존께서는 그 비구에게 말씀하셨다. 자세히 듣고 잘 생각하라. 너를 위해 설명하리라. 두 가지 법이 있다. 어떤 것을 두 가지라고 하는가? 눈(眼)과 시각대상(色)의 두 가지가 그것이다. 이러한 두 가지 이외에는 앎의 대상이 아니다.

그것은 무슨 까닭인가? 눈과 시각대상을 인연하여 눈의 의식(識)이 생기고, 다시 이들 세 가지가 화합한 것이 곧 접촉(觸)이고, 그러한 접촉과 더불어 느낌(受)·지각(想)·의도(思, 行) 등이 함께 생겨난다. 이들 중에서 네 가지는 비물질적인 경험요소(無色蘊)들이며, 눈과 시각대상 등은 물질적인 경험요소(色蘊)이다. 이러한 것들에 대해 인간이라는 명칭을 부여하며, 또한 그것에 대해 인간이라는 지각을 일으켜, 중생(sattva)·사람(nara)·인간의 자손(manuja)·생각을 지닌 이(māṇava)·뿌루샤(purusa)·개인(pudgala)·잔뚜(jantu)·영혼을 지닌 이(jīva)라고들 말한다.

또한 사람들은 이렇게 말하곤 한다. "나는 눈으로 시각대상을 보고, 나는 귀로 소리를 들으며, 나는 코로 냄새를 맡고, 나는 혀로 맛을 보며, 몸으로 감촉을 느끼고, 마음으로 마음현상을 분별한다."라고 〔말한다.〕 다시 또 사람들은 이렇게 말하곤 한다.

"그 분은 이러한 이름·이러한 태생·이러한 성씨로서, 그와 같이 먹었고, 그와 같이 고락을 누렸으며, 그와 같이 살았고, 그와 같이 오랫동안 머물다가 그와 같이 목숨을 마쳤다."라고〔말한다〕.

그런데 비구들이여, 바로 그러한 것들은 지각(想)에 불과하며, 혹은 기억(誌)이나 언어(言說)에 속한 것일 뿐이다. 그러한 모든 것은 무상하며, 조건적인 것이고, 의도와 바람을 인연으로 생겨난 것들이다. 그것들은 괴로운 것에 불과하다. 괴로움이란〔자신의 의도와 상관없이〕 생겨나는 것이고, 괴로움이란〔자신의 의도와 상관없이〕 머무는 것이며, 괴로움이란〔자신의 의도와 상관없이〕 소멸하는 것이다. 그러한 괴로움이 자꾸만 생겨나니, 일체는 모두 괴로움이다.

바로 그러한 괴로움을 남김없이 끊으면,〔그리하여〕 버리고 다하여, 탐욕을 떠나 쉬고, 마치면, 또 다른 괴로움이 서로 잇달지 않고, 생기지 않나니, 이것이 곧 적멸이요, 이것이 곧 수승한 경지이다. 이른바 일체의 남김(有餘)과 일체의 애욕을 소멸하여, 더 이상 탐욕이 없고 번뇌가 없으니, 곧 열반이다.

귀·코·혀·몸의 접촉을 인연하여 몸의 의식이 생기고, 이 세 가지가 화합한 것이 곧 접촉이다. 그러한 접촉과 더불어 느낌·지각·의도 등이 함께 생겨난다. 이들 중에서 네 가지는 비물질적인 경험요소이며, 몸은 곧 물질적인 경험요소이다. 이러한 것들에 대해 인간이라는 명칭을 부여하며, 또한 그것에 대해 인간이라는 생각을 일으켜, 중생 · 사람 · 인간의 자손 · 생각을 지닌 이 · 뿌루샤 · 개인 · 잔뚜 · 영혼을 지닌 이라고들 말한다.

또한 사람들은 이렇게 말하곤 한다. "나는 눈으로 시각대상을 보고, 나는 귀로 소리를 들으며, 나는 코로 냄새를 맡고, 나는 혀로 맛을 보며, 몸으로 감촉을 깨닫고, 마음으로 마음현상을 분별한다."라고 〔말한다.〕 다시 또 사람들은 이렇게 말하곤 한다. "그분은 이러한 이름 · 이러한 태생 · 이러한 성씨로서, 그와 같이 먹었고, 그와 같이 고락을 누렸으며, 그와 같이 살았고, 그와 같이 오랫동안 머물다가, 그와 같이 목숨을 마쳤다."라고 〔말한다〕.

그런데 비구들이여, 바로 그러한 것들은 지각(想)에 불과하며, 혹은 기억(誌)이나 언어(言說)에 속한 것일 뿐이다. 그러한 모든 것은 무상하며 조건적인 것이고, 의도와 바람을 인연으로 생겨난 것들이다. 그것들은 괴로운 것에 불과하다. 괴로움이란 〔자신의 의도와 상관없이〕 생겨나는 것이고, 괴로움이란 〔자신의 의도와 상관없이〕 머무는 것이며, 괴로움이란 〔자신의 의도와 상관없이〕 소멸하는 것이다. 그러한 괴로움이 자꾸만 생겨나니, 일체는 모두 괴로움이다.

바로 그러한 괴로움을 남김없이 끊으면, 〔그리하여〕 버리고 다하여 탐욕을 떠나 쉬고, 마치면, 또 다른 괴로움이 서로 잇달지 않고 생기지 않나니, 이것이 곧 적멸이요, 이것이 곧 수승한 경지이다. 이른바 일체의 남김(有餘)과 일체의 애욕을 소멸하여, 더 이상 탐욕이 없고 번뇌가 없으니, 곧 열반이다.

마음과 마음현상을 인연하여 마음의 의식이 생기고, 이 세 가지가 화합한 것이 곧 접촉이다. 그러한 접촉과 더불어 느낌ㆍ지각ㆍ의도 등이 함께 생겨난다. 이들 중에서 네 가지의 비물질적인 경험요소들과 물질적인 경험요소의 네 가지 특성(四大) 따위는 범속한 사람(士夫)들이 의지하는 근거가 된다. 이러한 것들에 대해 '인간'이라는 명칭을 부여하며, 또한 그것에 대해 인간이라는 생각을 일으켜, 중생ㆍ사람ㆍ인간의 자손ㆍ생각을 지닌 이ㆍ뿌루샤ㆍ개인ㆍ잔뚜ㆍ영혼을 지닌 이라고들 말한다.

또한 사람들은 이렇게 말하곤 한다. "나는 눈으로 시각대상을 보고, 나는 귀로 소리를 들으며, 나는 코로 냄새를 맡고, 나는 혀로 맛을 보며, 몸으로 감촉을 깨닫고, 마음으로 마음현상을 분별한다."라고 〔말한다.〕 다시 또 사람들은 이렇게 말하곤 한다. "그분은 이러한 이름ㆍ이러한 태생ㆍ이러한 성씨로서, 그와 같이 먹었고, 그와 같이 고락을 누렸으며, 그와 같이 살았고, 그와 같이 오랫동안 머물다가, 그와 같이 목숨을 마쳤다."라고 〔말한다〕.

그런데 비구들이여, 바로 그러한 것들은 지각(想)에 불과하며 혹은 기억(誌)이나 언어(言說)에 속한 것일 뿐이다. 그러한 모든 것은 무상하며 조건적인 것이고, 의도와 바람을 인연으로 생겨난 것들이다. 그것들은 괴로운 것에 불과하다. 괴로움이란 〔자신의 의도와 상관없이〕 생겨나는 것이고, 괴로움이란 〔자신의 의도와 상관없이〕 머무는 것이며, 괴로움이란 〔자신의 의도와 상관없이〕 소멸하는 것이다. 그러한 괴로움이 자꾸만 생겨나니, 일체는 모두 괴로움이다.

바로 그러한 괴로움을 남김없이 끊으면, 〔그리하여〕 버리고 다하여, 탐욕을 떠나 쉬고, 마치면, 또 다른 괴로움이 서로 잇달지 않고 생기지 않나니, 이것이 곧 적멸이요, 이것이 곧 수승한 경지이다. 이른바 일체의 남김(有餘)과 일체의 애욕을 소멸하여, 더이상 탐욕이 없고, 번뇌가 없으니, 곧 열반이다.

만약에 이러한 〔물질현상(色)·의식(識)·느낌(受)·지각(想)·지음(行) 따위의 현상들에 대해〕 마음으로 마주한다고 하더라도, 〔집착에서〕 벗어난 상태로 머물러 물러나지 않는다면, 그들이 일으키는 구속과 속박 속에서도 내(我)가 존재하지 않는다.

비구가 이와 같이 알고 이와 같이 보게 되면 진리를 알 수 있다. 부처님께서 이와 같이 말씀하시자, 여러 비구들은 부처님의 말씀을 듣고 기뻐하며 받들어 행하였다.

|

십이연기에 대한 해설(SN. II. 2~4쪽)

〔세존께서는〕사밧띠에 머무셨다. 〔그리고 다음과 같이 말씀하셨다.〕

그대, 비구들이여, 연기에 대해 분별하여 설하겠노라. 그것을 듣고서 잘 생각하여라. 그럼 말하겠노라. 그러자 그들 비구는 대답했다. 예, 세존이시여.

세존께서는 이와 같이 말씀하셨다. 그러면 비구들이여, 연기(緣起, paṭiccasamuppāda)란 무엇인가? 비구들이여, 무명(無明)을 조건으로(paccaya) 지음(行)이 있고, 지음을 조건으로 의식(識)이 있고, 의식을 조건으로 정신과 육체(名色)가 있고, 정신과 육체를 조건으로 여섯 영역(六處)이 있고, 여섯 영역을 조건으로 접촉(觸)이 있고, 접촉을 조건으로 느낌(受)이 있고, 느낌을 조건으로 갈애(愛)가 있고, 갈애를 조건으로 집착(取)이 있고, 집착을 조건으로 있음(有)이 있고, 있음을 조건으로 태어남(生)이 있고, 태어남을 조건으로 늙음과 죽음(老死), 슬픔·비탄·괴로움·불쾌·번민 등이 있다. 이렇게 해서 완전히 뒤엉킨 괴로움의 일어남이 있다.

비구들이여, 늙음과 죽음이란 무엇인가? 그렇고 그런 중생이 그렇고 그런 중생의 무리 안에서 늙고, 노쇠해지고, 이빨이 빠지고, 백발이 지고, 주름이 지고, 수명이 감소하고, 감각 기능이 쇠퇴하는 것, 이것을 늙음이라고 한다. 〔SN. II. 3〕 그렇고 그런 중생이 그렇고 그런 중생의 무리 안에서, 죽고, 살해되고, 파괴되고, 사라지고, 없어지고, 임종에 들어가고, 경험요소(蘊)가 무너지고, 시체가 매장되고, 목숨의 기능(命根)이 파괴되는 것, 이것을 죽음이라고 한다. 비구들이여, 이것을 늙음과 죽음이라고 한다.

비구들이여, 태어남이란 무엇인가? 그렇고 그런 중생이 그렇고 그런 중생의 무리 안에서 태어나고, 생겨나고, 들어가고, 자라나고, 경험요소(蘊)가 분명해지고, 터전(處)을 얻는 것, 이것을 태어남이라고 한다.

비구들이여, 있음이란 무엇인가? 비구들이여, 있음에는 이러한 세 가지가 있다. 쾌락에 의한 있음(欲有), 물질현상에 의한 있음(色有), 물질현상을 지니지 않은 있음(無色有)이니라. 비구들이여, 이것을 있음이라고 한다.

비구들이여, 집착이란 무엇인가? 비구들이여, 집착에는 이러한 네 가지가 있다. 쾌락에 대한 집착 · 견해에 대한 집착 · 계율과 서원에 대한 집착 · 자아에 관한 논리의 집착이니라. 비구들이여, 이것을 집착이라고 한다.

비구들이여, 갈애란 무엇인가? 비구들이여, 갈애에는 이러한 여섯 가지가 있다. 보이는 것에 대한 갈애 · 소리에 대한 갈애 · 냄새에 대한 갈애 · 맛에 대한 갈애 · 감촉에 대한 갈애 · 마음 현상에 대한 갈애이니라. 비구들이여, 이것을 갈애라고 한다.

비구들이여, 느낌이란 무엇인가? 비구들이여, 느낌에는 이러한 여섯 가지가 있다. 눈의 접촉에서 생겨난 느낌 · 귀의 접촉에서 생겨난 느낌 · 코의 접촉에서 생겨난 느낌 · 혀의 접촉에서 생겨난 느낌 · 몸의 접촉에서 생겨난 느낌 · 마음의 접촉에서 생겨난 느낌이니라. 비구들이여, 이것을 느낌이라고 한다.

비구들이여, 접촉이란 무엇인가? 비구들이여, 접촉에는 이러한 여섯 가지가 있다. 눈에 의한 접촉 · 귀에 의한 접촉 · 코에 의한 접촉 · 혀에 의한 접촉 · 몸에 의한 접촉·· 마음에 의한 접촉이니라. 비구들이여, 이것을 접촉이라고 한다.

비구들이여, 여섯 영역이란 무엇인가? 눈의 영역 · 귀의 영역 · 코의 영역 · 혀의 영역 · 몸의 영역 · 마음의 영역이니라. 비구들이여, 이것을 여섯 영역이라고 한다.

비구들이여, 정신과 육체란 무엇인가? 느낌 · 지각 · 의도 · 접촉 · 마음냄이 있다. 이들을 정신이라고 한다. 〔땅 · 물 · 불 · 바람의〕네 가지 〔SN. II. 4〕특성과 네 가지 특성에 의존한 육체가 있다. 그것을 육체라고 한다. 그와 같이 정신이 있고 이와 같이 육체가 있다. 비구들이여, 이것을 정신과 육체라고 한다.

비구들이여, 의식이란 무엇인가? 비구들이여, 의식에는 이들 여섯 가지가 있다. 눈의 의식 · 귀의 의식 · 코의 의식 · 혀의 의식 · 몸의 의식 · 마음의 의식이니라. 비구들이여, 이것을 의식이라고 한다.

비구들이여, 지음이란 무엇인가? 비구들이여, 지음에는 이들 세 가지가 있다. 몸에 의한 지음 · 입에 의한 지음 · 마음에 의한 지음이니라. 비구들이여, 이것을 지음이라고 한다.

비구들이여, 무명이란 무엇인가? 비구들이여, 괴로움에 대한 모름 · 괴로움의 원인에 대한 모름 · 괴로움의 소멸에 대한 모름 · 괴로움의 소멸에 이르는 길에 대한 모름이니라. 비구들이여, 이것을 무명이라고 한다.

비구들이여, 이와 같이 무명을 조건으로 지음이 있고, 지음을 조건으로 의식이 있고, 의식을 조건으로 정신과 육체가 있고, 정신과 육체를 조건으로 여섯 영역이 있고, 여섯 영역을 조건으로 접촉이 있고, 접촉을 조건으로 느낌이 있고, 느낌을 조건으로 갈애가 있고, 갈애를 조건으로 집착이 있고, 집착을 조건으로 있음이 있고, 있음을 조건으로 태어남이 있고, 태어남을 조건으로 늙음과 죽음, 슬픔·비탄·괴로움·불쾌·번민 등이 있다. 이렇게 해서 완전히 뒤엉킨 괴로움의 일어남이 있다.

그러나 비구들이여, 무명에서 남김없이 탐욕을 버리고 소멸하면 지음이 소멸하고, 지음이 소멸하면 의식이 소멸하고, 의식이 소멸하면 정신과 육체가 소멸하고, 정신과 육체가 소멸하면 여섯 영역이 소멸하고, 여섯 영역이 소멸하면 접촉이 소멸하고, 접촉이 소멸하면 느낌이 소멸하고, 느낌이 소멸하면 갈애가 소멸하고, 갈애가 소멸하면 집착이 소멸하고, 집착이 소멸하면 있음이 소멸하고, 있음이 소멸하면 태어남이 소멸하고, 태어남이 소멸하면 늙음과 죽음, 슬픔·비탄·괴로움·불쾌·번민 등이 소멸한다. 이렇게 해서 완전히 뒤엉킨 괴로움의 소멸이 있다.

집착을 소멸하는 간략한 가르침(SN. IV. 72~76쪽)

〔SN. IV. 72〕 한때 존자 말룽끼야뿟따가 세존께 다가갔다. 다가가서 세존께 인사를 드리고 한쪽 끝에 앉았다.

한쪽 끝에 앉은 존자 말룽끼야뿟따는 세존께 이와 같이 말씀드렸다. 세존이시여, 저를 위해 간략한 가르침을 설해주십시오.

저는 세존의 가르침을 듣고 홀로 머물면서 게으름 없이 열심히 노력하겠습니다.

말룽끼야뿟따여, 실로 그대와 같이 늙고, 연로하고, 나이가 든, 만년에 이르러, 노령에 도달한 비구가 비로소 간략한 가르침을 청원한다면, 지금 여기에 있는 젊은 비구들에게는 무엇을 설해야 하겠는가?

세존이시여, 제가 늙고 연로하고, 나이가 들고, 만년에 이르러, 노령에 도달했지만, 세존이시여, 간략한 가르침을 설해주십시오. 저는 세존께서 말씀하신 의미를 반드시 이해하겠습니다. 저는 세존께서 하신 말씀의 계승자가 되겠습니다.

말룽끼야뿟따여, 어떻게 생각하는가? 눈으로 볼 수 있는 사물(色)이 보이지 않아, 이전에 미처 보지 못했다면 그것은 볼 수 없었던 것이다. 그것에 대해 그대는 욕망이나 탐욕이나 애착을 가질 수 있는가? 세존이시여, 그렇지 않습니다.

말룽끼야뿟따여, 어떻게 생각하는가? 귀로 들을 수 있는 소리가 들리지 않아, 이전에 미처 듣지 못했다면 그것은 들을 수 없었던 것이다. 그것에 대해 그대는 욕망이나 탐욕이나 애착을 가질 수 있는가? 세존이시여, 그렇지 않습니다.

말룽끼야뿟따여, 어떻게 생각하는가? 코로 맡을 수 있는 냄새가 맡아지지 않아, 이전에 미처 맡지 못했다면 그것은 맡을 수 없었던 것이다. 그것에 대해 그대는 욕망이나 탐욕이나 애착을 가질 수 있는가? 세존이시여, 그렇지 않습니다.

말룽끼야뿟따여, 어떻게 생각하는가? 혀로 맡을 수 있는 맛이 맡아지지 않아, 이전에 미처 맡지 못했다면 그것은 맡을 수 없었던 것이다. 그것에 대해 그대는 욕망이나 탐욕이나 애착을 가질 수 있는가? 세존이시여, 그렇지 않습니다.

말룽끼야뿟따여, 어떻게 생각하는가? 몸으로 인지할 수 있는 감촉이 인지되지 않아, 이전에 미처 인지하지 못했다면 그것은 인지할 수 없었던 것이다. 그것에 대해 그대는 욕망이나 탐욕이나 애착을 가질 수 있는가? 세존이시여, 그렇지 않습니다.

[SN. IV. 73] 말룽끼야뿟따여, 어떻게 생각하는가? 마음으로 인식할 수 있는 마음현상이 인식되지 않아, 이전에 미처 인식하지 못했다면 그것은 인식할 수 없었던 것이다. 그것에 대해 그대는 욕망이나 탐욕이나 애착을 가질 수 있는가? 세존이시여, 그렇지 않습니다.

말룽끼야뿟따여, 여기에서 그대가 사물들을 보고 듣고 맡고 인식할 때, 보인 현상에 관련해서는 보인 것만 있어야 한다. 들을 때에는 들린 것만 있어야 한다. 맡을 때에는 맡은 것만 있어야 한다. 인식할 때에는 인식한 것만 있어야 한다.

말룽끼야뿟따여, 그대가 사물들을 보고 듣고 맡고 인식할 때, 보인 현상에 관련해서는 보인 것만 있어야 하고, 들을 때에는 들린 것만 있어야 하고, 맡을 때에는 맡은 것만 있어야 하고, 인식할 때에는 인식한 것만 있어야 한다. 그렇게 된다면 말룽끼야뿟따여, 그대는 그것에 의해 〔존재하는 것이〕 아니다. 말룽끼야뿟따여, 그대는 그것에 의해 〔존재하는 것이〕 아니므로, 말룽끼야뿟따여, 그대는 거기에 〔존재하는 것이〕 아니다. 말룽끼야뿟따여, 그대는 거기에 〔존재하는 것이〕 아니므로, 말룽끼야뿟따여, 그대는 이 세상에도, 저 세상에도, 양자의 중간 세계에도 〔존재하는 것이〕 아니다. 바로 이것이 괴로움의 끝이다.

세존이시여, 저는 세존께서 간략히 하신 말씀의 의미를 상세히 이해합니다.

끌리는 특징에 마음이 쏠리니
사물(色)을 보고서 마음지킴을 잃습니다.
집착하는 마음으로 느끼니
그것에 빠져 머뭅니다.

다양한 사물에서 생겨나는
느낌이 증가하니
탐냄과 성냄 또한 〔더해지고〕
마음은 실로 갈피를 잡지 못합니다.
이처럼 괴로움을 쌓아가니
열반은 멀리 있다고 합니다.

끌리는 특징에 마음이 쏠리니
소리(聲)를 듣고서 마음지킴을 잃습니다.
집착하는 마음으로 느끼니
그것에 빠져 머뭅니다.
다양한 소리에서 생겨나는
느낌이 증가하니
탐냄과 성냄 또한 〔더해지고〕
마음은 실로 갈피를 잡지 못합니다.
이처럼 괴로움을 쌓아가니
열반은 멀리 있다고 합니다.

〔SN. IV. 74〕 끌리는 특징에 마음이 쏠리니
냄새(香)를 맡고서 마음지킴을 잃습니다.
집착하는 마음으로 느끼니
그것에 빠져 머뭅니다.

다양한 냄새에서 생겨나는
느낌이 증가하니
탐냄과 성냄 또한 〔더해지고〕
마음은 실로 갈피를 잡지 못합니다.
이처럼 괴로움을 쌓아가니
열반은 멀리 있다고 합니다.

끌리는 특징에 마음이 쏠리니
맛(味)을 보고서 마음지킴을 잃습니다.
집착하는 마음으로 느끼니
그것에 빠져 머뭅니다.
다양한 맛에서 생겨나는
느낌이 증가하니
탐냄과 성냄 또한 〔더해지고〕
마음은 실로 갈피를 잡지 못합니다.
이처럼 괴로움을 쌓아가니
열반은 멀리 있다고 합니다.

끌리는 특징에 마음이 쏠리니
감촉(觸)을 하고서 마음지킴을 잃습니다.
집착하는 마음으로 느끼니
그것에 빠져 머뭅니다.

다양한 감촉에서 생겨나는
느낌이 증가하니
탐냄과 성냄 또한 〔더해지고〕
마음은 실로 갈피를 잡지 못합니다.
이처럼 괴로움을 쌓아가니
열반은 멀리 있다고 합니다.

끌리는 특징에 마음이 쏠리니
마음현상(法)을 보고서 마음지킴을 잃습니다.
집착하는 마음으로 느끼니
그것에 빠져 머뭅니다.
다양한 마음현상에서 생겨나는
느낌이 증가하니
탐냄과 성냄 또한 〔더해지고〕
마음은 실로 갈피를 잡지 못합니다.
이처럼 괴로움을 쌓아가니
열반은 멀리 있다고 합니다.

사물을 보더라도 마음지킴을 지니니
그러한 이는 사물에 물들지 않습니다.
집착하지 않는 마음으로 느끼니
그것에 빠져 머물지 않습니다.

사물을 보고서
느낌을 느끼지만
소멸하여 쌓아두지 않으니
그러한 이는 마음지킴을 지니고 다닙니다.
이처럼 괴로움을 쌓지 않으니
열반이 가까이 있다고 합니다.

소리를 듣더라도 마음지킴을 지니니
그러한 이는 소리에 물들지 않습니다.
집착하지 않는 마음으로 느끼니
그것에 빠져 머물지 않습니다.
소리를 듣고서
느낌을 느끼지만
소멸하여 쌓아두지 않으니
그러한 이는 마음지킴을 지니고 다닙니다.
이처럼 괴로움을 쌓지 않으니
열반이 가까이 있다고 합니다.

〔SN. IV. 75〕 냄새를 맡더라도 마음지킴을 지니니
그러한 이는 냄새에 물들지 않습니다.
집착하지 않는 마음으로 느끼니
그것에 빠져 머물지 않습니다.

냄새를 맡고서
느낌을 느끼지만
소멸하여 쌓아두지 않으니
그러한 이는 마음지킴을 지니고 다닙니다.
이처럼 괴로움을 쌓지 않으니
열반이 가까이 있다고 합니다.

맛을 보더라도 마음지킴을 지니니
그러한 이는 맛에 물들지 않습니다.
집착하지 않는 마음으로 느끼니
그것에 빠져 머물지 않습니다.
맛을 보고서
느낌을 느끼지만
소멸하여 쌓아두지 않으니
그러한 이는 마음지킴을 지니고서 다닙니다.
이처럼 괴로움을 쌓지 않으니
열반이 가까이 있다고 합니다.

감촉을 하더라도 마음지킴을 지니니
그러한 이는 감촉에 물들지 않습니다.
집착하지 않는 마음으로 느끼니
그것에 빠져 머물지 않습니다.

감촉을 하고서

느낌을 느끼지만

소멸하여 쌓아두지 않으니

그러한 이는 마음지킴을 지니고 다닙니다.

이처럼 괴로움을 쌓지 않으니

열반이 가까이 있다고 합니다.

〔SN. IV. 76〕 마음현상을 보더라도 마음지킴을 지니니

그러한 이는 마음현상에 물들지 않습니다.

집착하지 않는 마음으로 느끼니

그것에 빠져 머물지 않습니다.

마음현상을 보고서

느낌을 느끼지만

소멸하여 쌓아두지 않으니

그러한 이는 마음지킴을 지니고 다닙니다.

이처럼 괴로움을 쌓지 않으니

열반이 가까이 있다고 합니다.

세존이시여, 저는 세존께서 간략히 하신 말씀의 의미를 이와
같이 상세히 이해합니다.

말룽끼야뿟따여, 훌륭하도다. 훌륭하도다. 말룽끼야뿟따여,

그대는 내가 간략하게 설한 말의 의미를 상세히 이해하였도다.
훌륭하도다. (하략)

|

자애의 경전(Sn. 25~26쪽)

마땅히 해야 할 의미 있는 〔닦음에〕 숙달하여
평정의 경지를 얻고자 하는 이는
유능하고 정직하고 고결하고 상냥하고 온유하며 교만하지
않네.

만족할 줄 알아 대하기 쉽고
분주하지 않아 간소하게 생활하며
감관이 고요하고
가문(kula)에 관련하여 오만도 없고 집착도 없네.

양식 있는 사람들이 비난할 만한
어떠한 사소한 행동도 삼가고
안락하고 평화로워
존재하는 모든 이의 행복을 바라네.

살아 있는 생명은 어떤 것이든
동물이거나 식물이거나 남김없이

길거나 크거나 중간이거나 짧거나
미세하거나 거칠거나

〔Sn. 26〕 눈에 보이거나 보이지 않거나
멀리 있거나 가까이 있거나
이미 생겨났거나 앞으로 생겨날 것이거나
존재하는 모든 이가 행복하여지이다.

서로가 서로를 속이지 말고
어디서든지 누구나가
분노 때문이든 증오 때문이든
서로에게 괴로움을 바라지 말지어다.

어머니가 하나뿐인 자식을 목숨 바쳐 구하듯,
이와 같이 존재하는 모든 이를 위해
한량없는 〔자애의〕 마음이 닦일지어다.

높거나 깊거나 넓거나
모든 세계에 대해
장애 없고 원한 없고 적의 없이
한량없는 자애로운 마음이 닦일지어다.

서 있거나 앉아 있거나 누워 있거나

깨어 있는 한

이러한 〔자애의〕 마음지킴을 굳건히 하여지이다.

이렇게 머무는 것이야말로 청정한 〔삶이라고〕 한다네.

보이는 것에 의존하지 않고

계행과 식견을 갖추어

쾌락에 대한 집착을 다스리면

다시는 결코 〔윤회의〕 모태에 들지 않는다네.

축복에 관한 경전(Sn. 46~47쪽)

한때 세존께서는 사밧티의 제따바나에 있는 아나타삔디까 동산
에 머무셨다. 그때 어느 한 상서로운 밤에 어떤 한 상서로운 모습
을 지닌 하늘의 신이 제따바나를 온통 밝히면서 세존께 다가갔다.
그는 세존께 경배하고서 한쪽 끝에 섰다. 한쪽 끝에 선 그 천신은
세존께 게송을 읊었다.

수많은 신과 인간들이

행복을 원하면서 축복에 관해 생각합니다.

최상의 축복에 대해 말씀해주십시오.

어리석은 이들을 멀리하고, 현명한 이들과 교제하며,
존경받을 만한 이들을 존경하는 것,
이것이 최상의 축복이라네.

이전에 지은 공덕으로 적당한 지방에 거주하며,
스스로에 대해 바른 소망을 지니는 것,
이것이 최상의 축복이라네.

[Sn. 47] 진리에 밝고, 기술을 지니며, 규율을 지키고,
배움을 간직하며, 잘 설해진 가르침을 따르는 것,
이것이 최상의 축복이라네.

어머니와 아버지를 공양하고, 아들과 딸을 양육하며,
괴롭지 않은 일에 종사하는 것, 이것이 최상의 축복이라네.

베풂을 지니고, 도리에 맞는 행위를 하며,
주변 사람들과의 화합하고, 허물없는 행위를 하는 것,
이것이 최상의 축복이라네.

악행을 절제하고 삼가며, 음주를 하지 않는 것,
가르침에 부지런하게 따르는 것, 이것이 최상의 축복이라네.

존경하고, 순종하며, 만족하고, 은혜를 아는 것,
때때로 가르침을 듣는 것, 이것이 최상의 축복이라네.

인내하고, 온화하며, 사문의 가르침을 듣는 것,
때때로 진리에 관해 토론하는 것, 이것이 최상의 축복이라네.

고행을 행하고, 청정하게 살며, 고귀한 진리를 이해하는 것,
열반을 실현하는 것, 이것이 최상의 축복이라네.

세속의 법을 마주하여 마음의 동요가 없는 것,
슬픔이 없고, 허물이 없고, 평온한 것,
이것이 최상의 축복이라네.

이와 같이 행하면 모든 것으로부터 정복당하지 않나니,
어떠한 곳에서도 행복에 도달하네.
바로 이것이 최상의 축복이라네.

현상에 대한 순차적인 위빠사나(MN. III. 25~29쪽)

〔MN. III. 25〕 나는 이와 같이 들었다. 어느 때 세존께서는 사밧띠의 제타 숲에 있는 아나타삔디까 동산에 계시었다. 거기에서 세존께서는 비구들에게 말씀하였다. 비구들이여. 그러자 그들 비구는

대답했다. 예, 세존이시여. 세존께서는 이와 같이 말씀하셨다.

비구들이여, 사리뿟따는 현명하다. 비구들이여, 사리뿟따는 큰 지혜를 가지고 있다. 비구들이여, 사리뿟따는 넓은 지혜를 가지고 있다. 비구들이여, 사리뿟따는 빠른 지혜를 가지고 있다. 비구들이여, 사리뿟따는 민첩한 지혜를 가지고 있다. 비구들이여, 사리뿟따는 예리한 지혜를 가지고 있다. 비구들이여, 사리뿟따는 분별의 지혜를 가지고 있다. 비구들이여, 사리뿟따는 보름 간 '현상에 대한 순차적인 위빠사나(anupadadhammavipassanaṃ)'를 하였다.

비구들이여, 사리뿟따가 현상에 대한 순차적인 위빠사나를 행할 때 이와 같았다. 비구들이여, 이 가르침 안에서 사리뿟따는 쾌락으로부터 떠나고, 유익하지 않은 법으로부터 떠나, 생각(尋)과 지속적인 생각(伺)을 지닌, 떠남(離)으로부터 생겨난, 기쁨과 즐거움의 첫 번째 선정(初禪)에 도달하여 머물렀다. 첫 번째 선정을 행할 때, 생각(尋)·지속적인 생각(伺)·기쁨(喜)·즐거움(樂)·하나된 마음(心一境性)·접촉(觸)·느낌(受)·지각(想)·의도(思)·마음(心)·의욕(欲)·확신(勝解)·노력(精進)·마음지킴(念)·평정(捨)·마음냄(作意) 등의 현상이 있었다. 그에게 그들 현상이 순차적으로 분명해졌다. 그에게 그들 현상이 감지되는 것(viditā)으로써 일어났고, 감지되는 것으로써 유지되었고, 감지되는 것으로써 사라졌다. 그는 이와 같이 알아차렸다. "실로 그들 현상은 나에게 있지 않다가 발생한 것이며 발생한 이후에는 사라졌다."라고. 그는 그들 현상에 대해 집착하지 않고, 거부하지 않고, 의존하지 않고, 묶이지 않고, 벗어난 상태로, 구속되지 않은 상태로, 자유로운 마음을 가지고서 수행하였다. 〔그리고〕 그는 알아차렸다. "이것보다 수승한 벗어남이 있다." "더욱 많이 닦아야 할 것이 있다."라고 〔알아차렸다.〕

다시 비구들이여, 사리뿟따는 생각(尋)과 지속적인 생각(伺)이 가라앉아, 안으로 고요해지고, 마음이 한곳에 고정되어, 〔MN. III. 26〕 생각과 지속적인 생각이 없는, 삼매로부터 생겨난, 기쁨과 즐거움의 두 번째 선정(第二禪)에 도달하여 머물렀다. 두 번째 선정을 행할 때, 내부적인 마음의 안정·기쁨·즐거움·하나된 마음·접촉·느낌·지각·의도·마음·의욕·확신·노력·마음지킴·평정·마음냄 등의 현상이 있었다. 그에게 그들 현상이 순차적으로 분명해졌다. 그에게 그들 현상이 감지되는 것(vidita)으로써 일어났고, 감지되는 것으로써 유지되었고, 감지되는 것으로써 사라졌다. 그는 이와 같이 알아차렸다. "실로 그들 현상은 나에게 있지 않다가 발생한 것이며 발생한 이후에는 사라졌다."라고. 그는 그들 현상에 대해 집착하지 않고, 거부하지 않고, 의존하지 않고, 묶이지 않고, 벗어난 상태로, 구속되지 않은 상태로, 자유로운 마음을 가지고서 수행하였다. 〔그리고〕 그는 알아차

렸다. "이것보다 수승한 벗어남이 있다." "더욱 많이 닦아야 할
것이 있다."라고 〔알아차렸다.〕

다시 비구들이여, 사리뿟따는 기쁨에 의한 탐욕의 떠남으로
부터 평정이 머무는, 마음지킴과 알아차림을 지녀, 즐거움을 몸
으로 느끼는, 거룩한 이들이 말하는 "평정과 마음지킴을 지녀 즐
거움이 머문다."라고 하는, 세 번째 선정(第三禪)에 도달하여 머
물렀다. 세 번째 선정을 행할 때, 평정·즐거움·마음지킴·알
아차림·하나된 마음·접촉·느낌·지각·의도·마음·의욕·
확신·노력·평정·마음냄 등의 현상이 있었다. 그에게 그들 현
상이 순차적으로 분명해졌다. 그에게 그들 현상이 감지되는 것
(vidita)으로써 일어났고, 감지되는 것으로써 유지되었고, 감지되
는 것으로써 사라졌다. 그는 이와 같이 알아차렸다. "실로 그들
현상은 나에게 있지 않다가 발생한 것이며 발생한 이후에는 사라
졌다."라고. 그는 그들 현상에 대해 집착하지 않고, 거부하지 않
고, 의존하지 않고, 묶이지 않고, 벗어난 상태로, 구속되지 않은
상태로, 자유로운 마음을 가지고서 수행하였다. 〔그리고〕 그는 알
아차렸다. "이것보다 수승한 벗어남이 있다." "더욱 많이 닦아야
할 것이 있다."라고 〔알아차렸다.〕

다시 비구들이여, 사리뿟따는 즐거움이 끊어지고 괴로움이
끊어져, 이전의 기쁨과 근심이 사라진, 괴롭지도 즐겁지도 않고,

평정을 통해 마음지킴이 청정해진, 네 번째 선정(第四禪)에 도달하여 머물렀다. 네 번째 선정을 행할 때, 평정ㆍ괴롭지도 즐겁지도 않은 느낌을 보았다. 접촉ㆍ느낌ㆍ마음의 생각 없음ㆍ마음지킴ㆍ청정ㆍ마음의 하나됨ㆍ접촉ㆍ느낌ㆍ지각ㆍ의도ㆍ마음ㆍ의욕ㆍ확신ㆍ노력ㆍ마음지킴ㆍ평정ㆍ마음냄 등의 현상이 있었다. 그에게 그들 현상이 순차적으로 분명해졌다. 그에게 그들 현상이 감지되는 것(viditā)으로써 일어났고, 감지되는 것으로써 유지되었고, [MN. III. 27] 감지되는 것으로써 사라졌다. 그는 이와 같이 알아차렸다. "실로 그들 현상은 나에게 있지 않다가 발생한 것이며 발생한 이후에는 사라졌다."라고. 그는 그들 현상에 대해 집착하지 않고, 거부하지 않고, 의존하지 않고, 묶이지 않고, 벗어난 상태로, 구속되지 않은 상태로, 자유로운 마음을 가지고서 수행하였다. [그리고] 그는 알아차렸다. "이것보다 수승한 벗어남이 있다." "더욱 많이 닦아야 할 것이 있다."라고 [알아차렸다.]

다시 비구들이여, 사리뿟따는 일체의 물질현상에 대한 지각(想)을 넘어서고, 장애에 대한 지각을 소멸하고, 잡다한 지각에 마음을 내지 않아, '끝이 없는 허공'이라는 공간에 걸림이 없는 경지(空無邊處定)에 도달하여 머물렀다. 공간에 걸림이 없는 경지[의 선정을] 행할 때, 공간에 걸림이 없다는 지각ㆍ마음의 하나됨ㆍ접촉ㆍ느낌ㆍ지각ㆍ의도ㆍ마음ㆍ의욕ㆍ확신ㆍ노력ㆍ마음지킴ㆍ평정ㆍ마음냄 등의 현상이 있었다. 그에게 그들 현상이 순차적으로 분명해졌다. 그에게 그들 현상이 감지되는 것(viditā)으로써 일어났고, 감지되는 것으로써 유지되었고, 감지되는 것으로써 사라졌다. 그는 이와 같이 알아차렸다. "실로 그들 현상은 나에게 있지 않다가 발생한 것이며 발생한 이후에는 사라졌다."라고. 그는 그들 현상에 대해 집착하지 않고, 거부하지 않고, 의존하지 않고, 묶이지 않고, 벗어난 상태로, 구속되지 않은 상태로, 자유로운 마음을 가지고서 수행하였다. [그리고] 그는 알아차렸다. "이것보다 수승한 벗어남이 있다." "더욱 많이 닦아야 할 것이 있다."라고 [알아차렸다.]

다시 비구들이여, 사리뿟따는 일체의 공간에 걸림이 없는 경지를 넘어, '끝이 없는 의식'이라고 하는 의식에 걸림이 없는 경지(識無邊處定)에 도달하여 머물렀다. 의식에 걸림이 없는 경지[의 선정을] 행할 때, 의식에 걸림이 없다는 지각 · 마음의 하나됨 · 접촉 · 느낌 · 지각 · 의도 · 마음 · 의욕 · 확신 · 노력 · 마음지킴 · 평정 · 마음냄 등의 현상이 있었다. 그에게 그들 현상이 순차적으로 분명해졌다. 그에게 그들 현상이 감지되는 것(viditā)으로써 일어났고, 감지되는 것으로서 유지되었고, 감지되는 것으로서 사라졌다. 그는 이와 같이 알아차렸다. "실로 그들 현상은 나에게 있지 않다가 발생한 것이며 발생한 이후에는 사라졌다."라고. 그는 그들 현상에 대해 집착하지 않고, 거부하지 않고, 의존하지 않고, 묶이지 않고, 벗어난 상태로, 구속되지 않은 상태로, 자유로운 마음을 가지고서 수행하였다. 〔그리고〕 그는 알아차렸다.
"이것보다 수승한 벗어남이 있다." "더욱 많이 닦아야 할 것이 있
다."라고 〔알아차렸다.〕

〔MN. Ⅲ. 28〕 다시 비구들이여, 사리뿟따는 일체의 의식에 걸
림이 없는 경지를 넘어, '아무것도 없다' 고 하는 아무것도 없는
경지(無所有處定)에 도달하여 머물렀다. 아무것도 없는 경지〔의 선
정을〕 행할 때, 아무것도 없다는 지각 · 마음의 하나됨 · 접촉 · 느
낌 · 지각 · 의도 · 마음 · 의욕 · 확신 · 노력 · 마음지킴 · 평정 ·
마음냄 등의 현상이 있었다. 그에게 그들 현상이 순차적으로 분
명해졌다. 그에게 그들 현상이 감지되는 것(vidita)으로써 일어났
고, 감지되는 것으로써 유지되었고, 감지되는 것으로써 사라졌
다. 그는 이와 같이 알아차렸다. "실로 그들 현상은 나에게 있지
않다가 발생한 것이며 발생한 이후에는 사라졌다."라고. 그는 그
들 현상에 대해 집착하지 않고, 거부하지 않고, 의존하지 않고,
묶이지 않고, 벗어난 상태로, 구속되지 않은 상태로, 자유로운
마음을 가지고서 수행하였다. 〔그리고〕 그는 알아차렸다. "이것보
다 수승한 벗어남이 있다." "더욱 많이 닦아야 할 것이 있다."라
고 〔알아차렸다.〕

다시 비구들이여, 사리뿟따는 일체의 아무것도 없는 경지를
넘어, 지각이 있는 것도 없는 것도 아닌 경지(非想非非想處定)에

도달하여 머물렀다. 그는 그 선정의 상태로부터 마음지킴을 지닌 채 벗어났다. 그는 그 선정의 상태로부터 마음지킴을 지닌 채 벗어나, 과거에 이미 소멸하였고 변화되었던 현상들에 대해 돌이켜 보았다. "실로 그들 현상은 나에게 있지 않다가 발생한 것이며 발생한 후에는 사라졌다."라고. 그는 그들 현상에 대해 집착하지 않고, 거부하지 않고, 의존하지 않고, 묶이지 않고, 벗어난 상태로, 구속되지 않은 상태로, 자유로운 마음을 가지고서 수행하였다. 〔그리고〕 그는 알아차렸다. "이것보다 수승한 벗어남이 있다." "더욱 많이 닦아야 할 것이 있다."라고 〔알아차렸다.〕

다시 비구들이여, 사리뿟따는 일체의 지각이 있는 것도 없는 것도 아닌 경지를 넘어, 지각과 느낌의 소멸(想受滅定 ＝滅盡定)에 도달하여 머물렀다. 지혜로써 보고 나니, 그에게 번뇌가 소멸되었다. 그는 그 선정의 상태로부터 마음지킴을 지닌 채 벗어났다. 그는 그 선정의 상태로부터 마음지킴을 지닌 채 벗어나, 과거에 이미 소멸하였고 변화되었던 현상들에 대해 돌이켜 보았다. "실로 그들 현상은 나에게 있지 않다가 발생한 것이며 발생한 이후에는 사라졌다."라고. 그는 그들 현상에 대해 집착하지 않고, 거부하지 않고, 의존하지 않고, 묶이지 않고, 벗어난 상태로, 구속되지 않은 상태로, 자유로운 마음을 가지고서 수행하였다. 〔그리고〕 그는 알아차렸다. "더 이상 수승한 벗어남은 없다." "더 이상 닦아야 할 것이 남아있지 않다."라고 〔알아차렸다.〕

비구들이여, 누군가가 이렇게 말한다면 바르게 말한 것이다. 즉 "고귀한 계행에 대해 자재력을 얻었고 궁극을 얻었다. 〔MN. III. 29〕 고귀한 삼매에 대해 자재력을 얻었고 궁극을 얻었다. 고귀한 지혜에 대해 자재력을 얻었고 궁극을 얻었다. 고귀한 해탈에 대해 자재력을 얻었고 궁극을 얻었다. 그는 곧 사리뿟따이다." 이렇게 말한다면 바르게 말한 것이다. 〔이처럼 사리뿟따는〕 고귀한 계행에 대해 자재력을 얻었고 궁극을 얻었다. 고귀한 삼매에 대해 자재력을 얻었고 궁극을 얻었다. 고귀한 지혜에 대해 자재력을 얻었고 궁극을 얻었다. 고귀한 해탈에 대해 자재력을 얻었고 궁극을 얻었다.

비구들이여, 누군가가 이렇게 말한다면 바르게 말한 것이다. 즉 "세존의 아들로서, 세존으로부터 생겨났으며, 〔세존의〕 가르침으로부터 생겨났으며, 진리로부터 생겨났으며, 진리로 이루어졌으며, 진리의 상속자이며, 재물의 상속자가 아닌 이가 있다. 그는 곧 사리뿟따이다." 이렇게 말한다면 바르게 말한 것이다. 〔이처럼 사리뿟따는〕 세존의 아들로서, 세존으로부터 생겨났으며, 〔세존의〕 가르침으로부터 생겨났으며, 진리로부터 생겨났으며, 진리로 이루어졌으며, 진리의 상속자이며, 재물의 상속자가 아니다.

비구들이여, 사리뿟따는 여래가 굴리는 위없는 진리의 수레바퀴를 진실로 바르게 굴리고 있다.

세존께서 이와 같이 말씀하셨다. 그러자 비구들은 세존께서
하신 말씀에 대해 기뻐하며 즐거워했다.

|

대념처경(大念處經)(DN. II. 291~315쪽)

〔마음지킴의 확립을 위한 큰 경전〕

〔DN. II. 291〕 나는 이와 같이 들었다. 한때, 세존께서는 꾸루에
머무셨다. 깜마사담마라고 하는 꾸루족의 작은 마을에 〔머무셨
다〕. 거기에서 세존께서는 비구들에게 말씀하셨다. 비구들이여.
비구들은 대답했다. 예, 세존이시여. 세존은 다음과 같이 말씀하
셨다.

비구들이여, 이것이 유일한 길(一乘道, ekāyano maggo)이나
니, 중생의 청정을 위한 〔길이며〕, 슬픔과 비탄을 극복하기 위한
〔길이며〕, 괴로움과 근심을 소멸하기 위한 〔길이며〕, 올바름에 이
르기 위한 〔길이며〕, 열반을 실현하기 위한 〔길이니라.〕 바로 이것
은 네 가지 마음지킴의 확립(四念處)이니라.

네 가지란 어떠한가? 비구들이여, 여기에 한 비구가 있어,
몸(身)에 대한 〔마음지킴으로써〕 몸을 지긋이 관찰하면서(隨觀,
anupassī) 머문다. 열렬함과 알아차림(知, sampajāna)과 마음지킴
(念, sati)을 지니고서 세간에 관련된 탐욕과 근심을 벗어나 〔머문

다.] 느낌(受)에 대한 [마음지킴으로써] 느낌을 지긋이 관찰하면서 머문다. 열렬함과 알아차림과 마음지킴을 지니고서 세간에 관련된 탐욕과 근심을 벗어나 [머문다.] 마음(心)에 대한 [마음지킴으로써] 마음을 지긋이 관찰하면서 머문다. 열렬함과 알아차림과 마음지킴을 지니고서 세간에 관련된 탐욕과 근심을 벗어나 [머문다.] 법(法)에 대한 [마음지킴으로써] 법을 지긋이 관찰하면서 머문다. 열렬함과 알아차림과 마음지킴을 지니고서 세간에 관련된 탐욕과 근심을 벗어나 [머문다.]

[DN. II. 291] 비구들이여, 그러면 비구가 몸에 대한 [마음지킴으로써] 몸을 지긋이 관찰하면서 머무는 것은 어떠한가?

비구들이여, 여기에 한 비구가 있어, 숲 속에 가거나, 나무 아래에 가거나, 빈집에 가서 앉는다. 가부좌를 꼬고, 몸을 바로 세우고, 앞쪽에 마음지킴을 확립하고서 [앉는다.] 그는 마음지켜 [숨을]· 마시고 마음지켜 [숨을] 내쉰다. 길게 마실 때에는 "길게 마신다."라고 알아차리고(pajānāti), 길게 내쉴 때에는 "길게 내쉰다."라고 알아차린다. 짧게 마실 때에는 "짧게 마신다."라고 알아차리고, 짧게 내쉴 때에는 "짧게 내쉰다."라고 알아차린다. "온 몸을 느끼면서 마시겠노라."고 익히고(sikkhati), "온 몸을 느끼면서 내쉬겠노라."고 익힌다. "육체적 현상(身行, kāyasaṅkhāra)을 가라앉히면서 마시겠노라."고 익히고, "육체적 현상을 가라앉히면서 내쉬겠노라."고 익힌다.

비구들이여, 마치 숙련된 도공이나 도공의 제자가 〔원반을 돌리면서〕 천천히 돌릴 때에는 "천천히 돌린다."라고 알아차리고, 빨리 돌릴 때에는 "빨리 돌린다."라고 알아차리는 것과 같다. 바로 이처럼 비구들이여, 〔숨을〕 길게 마실 때에는 "길게 마신다." 라고 알아차리고, 길게 내쉴 때에는 "길게 내쉰다."라고 알아차린다. 짧게 마실 때에는 "짧게 마신다."라고 알아차리고, 짧게 내쉴 때에는 "짧게 내쉰다."라고 알아차린다. "온 몸을 느끼면서 마시겠노라."고 익히고, "온 몸을 느끼면서 내쉬겠노라."고 익힌다. "육체적 현상을 가라앉히면서 마시겠노라."고 익히고, "육체적 현상을 가라앉히면서 내쉬겠노라."고 익힌다.

이와 같이 혹은 안으로 몸에 대한 〔마음지킴으로써〕 몸을 지긋이 관찰하면서 머문다. 혹은 밖으로 몸에 대한 〔마음지킴으로써〕 몸을 지긋이 관찰하면서 머문다. 혹은 안팎으로 몸에 대한 〔마음지킴으로써〕 몸을 지긋이 관찰하면서 머문다. 혹은 몸에서 일어나는 법(samudayadhammā)을 지긋이 관찰하면서 머문다. 혹은 몸에서 사라지는 법(vayadhammā)을 지긋이 관찰하면서 머문다. 혹은 몸에서 일어나고 사라지는 법(samudayavayadhammā)을 지긋이 관찰하면서 머문다. 혹은 다시 그에게 "〔이와 같이〕 몸이 있다."라고 하는 마음지킴이 분명해진다. 〔그것은 곧〕 아는 만큼에 한하며 주의하는 만큼에 한한다. 또한 그는 의존하는 것 없이 머물며 어떠한 세간적인 것에 대해서도 집착하지 않는다. 비구들이여, 이와 같이 한 비구가 있어, 몸에 대한 〔마음지킴으로써〕 몸을 지긋이 관찰하면서 머문다.

또한 비구들이여, 한 비구가 있어, 걸어갈 때 "걸어간다."라고 알아차리고, 서 있을 때 "서 있다."라고 알아차리며, 앉아 있을 때 "앉아 있다."라고 알아차리고, 누워 있을 때 "누워 있다."라고 알아차린다. 이와 같이 그의 몸에 열중하여, 그것을 그때그때 알아차린다.

이와 같이 혹은 안으로 몸에 대한 〔마음지킴으로써〕 몸을 지긋이 관찰하면서 머문다. 혹은 밖으로 몸에 대한 〔마음지킴으로써〕 몸을 지긋이 관찰하면서 머문다. 혹은 안팎으로 몸에 대한 〔마음지킴으로써〕 몸을 지긋이 관찰하면서 머문다. 혹은 몸에서 일어나는 법을 지긋이 관찰하면서 머문다. 혹은 몸에서 사라지는 법을 지긋이 관찰하면서 머문다. 혹은 몸에서 일어나고 사라지는 법을 지긋이 관찰하면서 머문다. 혹은 다시 그에게 "〔이와 같이〕 몸이 있다."라고 하는 마음지킴이 분명해진다. 〔그것은 곧〕 아는 만큼에 한하며 주의하는 만큼에 한한다. 또한 그는 의존하는 것이 없이 머물며 어떠한 세간적인 것에 대해서도 집착하지 않는다. 비구들이여, 이와 같이 한 비구가 있어, 몸에 대한 〔마음지킴으로써〕 몸을 지긋이 관찰하면서 머문다.

또한 비구들이여, 한 비구가 있어, 앞으로 나아갈 때나 뒤로 돌아 갈 때, 알아차림으로 행한다. 앞을 보거나 주위를 볼 때에도 알아차림으로 행한다. 구부리거나 펼 때에도 알아차림으로 행한다. 가사와 발우를 들 때에도 알아차림으로 행한다. 먹고, 마시고, 씹고, 맛볼 때에도 알아차림으로 행한다. 대소변을 볼 때에도 알아차림으로 행한다. 가거나 서거나 앉거나 잠을 자거나 깨어 있을 때에나 말하거나 침묵할 때에도 알아차림으로 행한다.

이와 같이 혹은 안으로 몸에 대한 〔마음지킴으로써〕 몸을 지긋이 관찰하면서 머문다. 혹은 밖으로 몸에 대한 〔마음지킴으로써〕 몸을 지긋이 관찰하면서 머문다. 혹은 안팎으로 몸에 대한 〔마음지킴으로써〕 몸을 지긋이 관찰하면서 머문다. 혹은 몸에서 일어나는 법을 지긋이 관찰하면서 머문다. 혹은 몸에서 사라지는 법을 지긋이 관찰하면서 머문다. 혹은 몸에서 일어나고 사라지는 법을 지긋이 관찰하면서 머문다. 혹은 다시 그에게 "〔이와 같이〕 몸이 있다."라고 하는 마음지킴이 분명해진다. 〔그것은 곧〕 아는 만큼에 한하며 주의하는 만큼에 한한다. 또한 그는 의존하는 것이 없이 머물며 어떠한 세간적인 것에 대해서도 집착하지 않는다. 비구들이여, 이와 같이 한 비구가 있어, 몸에 대한 〔마음지킴으로써〕 몸을 지긋이 관찰하면서 머문다.

다시 비구들이여, 한 비구가 있어, 발바닥 위로부터 머리카락 아래로, 피부에 둘러싸인 몸의 갖가지 불결한 모습에 대해 관찰한다. 즉 그의 몸에서 머리카락 · 몸털 · 손발톱 · 이빨 · 피부 · 살 · 힘줄 · 뼈 · 골수 · 콩팥 · 심장 · 간장 · 늑막 · 지라 · 허파 · 내장 · 장각막 · 위장 · 대변 · 담즙 · 가래 · 고름 · 혈액 · 땀 · 비게 · 눈물 · 기름 · 침 · 콧물 · 관절액 · 소변 등〔을 관찰한다.〕

비구들이여, 마치 양쪽으로 입구가 있는 자루에 여러 종류의 곡식이 가득찬 것과 같다. 즉 벼 · 보리 · 녹두 · 콩 · 깨 · 쌀 등이 들어 있는 어떤 자루를 눈이 있는 사람이 풀어보고서, 이것은 벼, 이것은 보리, 이것은 녹두, 이것은 콩, 이것은 깨, 이것은 쌀이라고 관찰하는 것과 같다. 비구들이여, 이와 같이 한 비구가 있어, 발바닥 위로부터 머리카락 아래로, 피부에 둘러싸인 몸의 갖가지 불결한 모습에 대해 관찰한다. 즉 그의 몸에서 머리카락 · 몸털 · 손톱 · 발톱 · 이빨 · 피부 · 살 · 〔DN. II. 294〕힘줄 · 뼈 · 골수 · 콩팥 · 심장 · 간장 · 늑막 · 지라 · 허파 · 내장 · 장각막 · 위장 · 대변 · 담즙 · 가래 · 고름 · 혈액 · 땀 · 비게 · 눈물 · 기름 · 침 · 콧물 · 관절액 · 소변 등〔을 관찰한다.〕

이와 같이 혹은 안으로 몸에 대한 〔마음지킴으로써〕 몸을 지긋이 관찰하면서 머문다. 혹은 밖으로 몸에 대한 〔마음지킴으로써〕 몸을 지긋이 관찰하면서 머문다. 혹은 안팎으로 몸에 대한 〔마음지킴으로써〕 몸을 지긋이 관찰하면서 머문다. 혹은 몸에서 일어나는 법을 지긋이 관찰하면서 머문다. 혹은 몸에서 사라지는 법을 지긋이 관찰하면서 머문다. 혹은 몸에서 일어나고 사라지는 법을 지긋이 관찰하면서 머문다. 혹은 다시 그에게 "[이와 같이] 몸이 있다."라고 하는 마음지킴이 분명해진다. [그것은 곧] 아는 만큼에 한하며 주의하는 만큼에 한한다. 또한 그는 의존하는 것이 없이 머물며 어떠한 세간적인 것에 대해서도 집착하지 않는다. 비구들이여, 이와 같이 한 비구가 있어, 몸에 대한 [마음지킴으로써] 몸을 지긋이 관찰하면서 머문다.

다시 비구들이여, 한 비구가 있어, 그의 몸에 대해 있는 그대로에 열중하여, 속성(界)으로 관찰한다. 즉 "이 몸에는 땅의 속성(地界), 물의 속성(水界), 불의 속성(火界), 바람의 속성(風界)이 있다."라고 [관찰한다.]

비구들이여, 마치 숙련된 백정이나 그의 제자가 암소를 도살해서, 네거리의 큰 길에 부위별로 나누어 놓고서 앉아 있는 것과 같다. 바로 비구들이여, 이와 같이 한 비구가 있어, 그의 몸에 대해 있는 그대로에 열중하여 속성(界)으로 관찰한다. 즉 "이 몸에는 땅의 속성(地界), 물의 속성(水界), 불의 속성(火界), 바람의 속성(風界)이 있다."라고 [관찰한다.]

이와 같이 혹은 안으로 몸에 대한 [마음지킴으로써] 몸을 지긋

이 관찰하면서 머문다. 혹은 밖으로 몸에 대한 〔마음지킴으로써〕
몸을 지긋이 관찰하면서 머문다. 혹은 안팎으로 몸에 대한 〔마음
지킴으로써〕 몸을 지긋이 관찰하면서 머문다. 혹은 몸에서 일어나
는 법을 지긋이 관찰하면서 머문다. 혹은 몸에서 사라지는 법을
지긋이 관찰하면서 〔DN. II. 295〕 머문다. 혹은 몸에서 일어나고
사라지는 법을 지긋이 관찰하면서 머문다. 혹은 다시 그에게 "〔이
와 같이〕 몸이 있다."라고 하는 마음지킴이 분명해진다. 〔그것은
곧〕 아는 만큼에 한하며 주의하는 만큼에 한한다. 또한 그는 의존
하는 것이 없이 머물며 어떠한 세간적인 것에 대해서도 집착하지
않는다. 비구들이여, 이와 같이 한 비구가 있어, 몸에 대한 〔마음
지킴으로써〕 몸을 지긋이 관찰하면서 머문다.

다시 비구들이여, 한 비구가 있어, 묘지에 버려진 채, 하루나
이틀이나 사흘이 된 시체가 부풀어 오르고, 푸르게 변색되고, 썩
어가는 것을 보고서, 자신의 몸에 대해서도 이와 같이 생각한다.
"나의 이 몸도 이러한 현상에 속하고, 이와 같이 존재하고, 이것
을 뛰어넘지 못한다."라고 〔생각한다.〕

이와 같이 혹은 안으로 몸에 대한 〔마음지킴으로써〕 몸을 지긋
이 관찰하면서 머문다. 혹은 밖으로 몸에 대한 〔마음지킴으로써〕
몸을 지긋이 관찰하면서 머문다. 혹은 안팎으로 몸에 대한 〔마음
지킴으로써〕 몸을 지긋이 관찰하면서 머문다. 혹은 몸에서 일어나

는 법을 지긋이 관찰하면서 머문다. 혹은 몸에서 사라지는 법을 지긋이 관찰하면서 머문다. 혹은 몸에서 일어나고 사라지는 법을 지긋이 관찰하면서 머문다. 혹은 다시 그에게 "[이와 같이] 몸이 있다."라고 하는 마음지킴이 분명해진다. [그것은 곧] 아는 만큼에 한하며 주의하는 만큼에 한한다. 또한 그는 의존하는 것이 없이 머물며 어떠한 세간적인 것에 대해서도 집착하지 않는다. 비구들이여, 이와 같이 한 비구가 있어, 몸에 대한 [마음지킴으로써] 몸을 지긋이 관찰하면서 머문다.

다시 비구들이여, 한 비구가 있어, 묘지에 버려진 시체가 까마귀에 의해 먹히고, 매에 의해 먹히고, 독수리에 의해 먹히고, 개에 의해 먹히고, 표범에 의해 먹히고, 호랑이에 의해 먹히고, 자칼에 의해 먹히고, 갖가지의 벌레에 의해 파 먹히는 것을 보고서, 자신의 몸에 대해서도 이와 같이 생각한다. "나의 이 몸도 이러한 현상에 속하고, 이와 같이 존재하고, 이것을 뛰어넘지 못한다."라고 [생각한다.]

이와 같이 혹은 안으로 몸에 대한 [마음지킴으로써] 몸을 지긋이 관찰하면서 머문다. 혹은 밖으로 몸에 대한 [마음지킴으로써] 몸을 지긋이 관찰하면서 머문다. 혹은 안팎으로 몸에 대한 [마음지킴으로써] 몸을 지긋이 관찰하면서 머문다. 혹은 몸에서 일어나는 법을 지긋이 관찰하면서 머문다. 혹은 몸에서 사라지는 법을 지긋이 관찰하면서 머문다. 혹은 몸에서 일어나고 사라지는 법을 지긋이 관찰하면서 머문다. 혹은 다시 그에게 〔이와 같이〕 몸이 있다."라고 하는 마음지킴이 분명해진다. 〔그것은 곧〕 아는 만큼에 한하며 주의하는 만큼에 한한다. 또한 그는 의존하는 것이 없이 머물며 어떠한 세간적인 것에 대해서도 집착하지 않는다. 비구들이여, 이와 같이 한 비구가 있어, 몸에 대한 〔마음지킴으로써〕 몸을 지긋이 관찰하면서 머문다.

다시 비구들이여, 한 비구가 있어, 묘지에 버려진 뼈사슬과, 붉은 살점과, 힘줄, (중략) 뼈사슬만 있고 살점은 없이 붉게 얼룩진 힘줄, (중략) 뼈사슬만 있고 붉은 살점이 없는 힘줄, (중략) 손뼈, 다리뼈, 장단지뼈, 넙적다리뼈, 등뼈, 대퇴부뼈, 어깨뼈, 〔DN. II. 297〕 이빨, 두개골 등이 각기 사방에 흩어져 있는, 뼈만 남은 시체를 보고서, 자신의 몸에 대해서도 이와 같이 생각한다. "나의 이 몸도 이러한 현상에 속하고, 이와 같이 존재하고, 이것을 뛰어넘지 못한다."라고 〔생각한다.〕

이와 같이 혹은 안으로 몸에 대한 〔마음지킴으로써〕 몸을 지긋이 관찰하면서 머문다. 혹은 밖으로 몸에 대한 〔마음지킴으로써〕 몸을 지긋이 관찰하면서 머문다. 혹은 안팎으로 몸에 대한 〔마음지킴으로써〕 몸을 지긋이 관찰하면서 머문다. 혹은 몸에서 일어나는 법을 지긋이 관찰하면서 머문다. 혹은 몸에서 사라지는 법을 지긋이 관찰하면서 머문다. 혹은 몸에서 일어나고 사라지는 법을 지긋이 관찰하면서 머문다. 혹은 다시 그에게 "〔이와 같이〕 몸이 있다."라고 하는 마음지킴이 분명해진다. 〔그것은 곧〕 아는 만큼에 한하며 주의하는 만큼에 한한다. 또한 그는 의존하는 것이 없이 머물며 어떠한 세간적인 것에 대해서도 집착하지 않는다. 비구들이여, 이와 같이 한 비구가 있어, 몸에 대한 〔마음지킴으로써〕 몸을 지긋이 관찰하면서 머문다.

다시 비구들이여, 한 비구가 있어, 묘지에 버려진 시체의 뼈가 조개껍질처럼 하얗게 변해 있는 (중략) 시체의 뼈가 몇 년이 지나 무더기로 쌓여 있는 (중략) 뼈마저 썩어 가루가 된 것을 보고서, 자신의 몸에 대해서도 이와 같이 생각한다. "나의 이 몸도 이러한 현상에 속하고, 이와 같이 존재하고, 이것을 뛰어넘지 못한다."라고 〔생각한다.〕

이와 같이 혹은 안으로 몸에 대한 〔마음지킴으로써〕 몸을 지긋이 관찰하면서 머문다. 혹은 밖으로 몸에 대한 〔마음지킴으로써〕 몸을 지긋이 관찰하면서 머문다. 혹은 안팎으로 몸에 대한 〔마음지킴으로써〕 몸을 지긋이 관찰하면서 머문다. 〔DN. II. 298〕 혹은 몸에서 일어나는 법을 지긋이 관찰하면서 머문다. 혹은 몸에서 사라지는 법을 지긋이 관찰하면서 머문다. 혹은 몸에서 일어나고 사라지는 법을 지긋이 관찰하면서 머문다. 혹은 다시 그에게 "〔이와 같이) 몸이 있다."라고 하는 마음지킴이 분명해진다. 〔그것은 곧〕 아는 만큼에 한하며 주의하는 만큼에 한한다. 또한 그는 의존하는 것이 없이 머물며 어떠한 세간적인 것에 대해서도 집착하지 않는다. 비구들이여, 이와 같이 한 비구가 있어, 몸에 대한 〔마음지킴으로써〕 몸을 지긋이 관찰하면서 머문다.

비구들이여, 그러면 비구가 느낌에 대한 〔마음지킴으로써〕 느낌을 지긋이 관찰하면서 머무는 것은 어떠한가?

비구들이여, 여기에 한 비구가 있어, 즐거운 느낌을 느낄 때 "즐거운 느낌을 느낀다."라고 알아차린다. 혹은 괴로운 느낌을 느낄 때 "괴로운 느낌을 느낀다."라고 알아차린다. 혹은 즐겁지도 괴롭지도 않은 느낌을 느낄 때 "즐겁지도 괴롭지도 않은 느낌을 느낀다."라고 알아차린다. 혹은 육체적인 즐거운 느낌을 느낄 때 "육체적인 즐거운 느낌을 느낀다."라고 알아차린다. 혹은 정신적인 즐거운 느낌을 느낄 때 "정신적인 즐거운 느낌을 느낀다."라고 알아차린다.

혹은 육체적인 괴로운 느낌을 느낄 때 "육체적인 괴로운 느낌을 느낀다."라고 알아차린다. 혹은 정신적인 괴로운 느낌을 느낄 때 "정신적인 괴로운 느낌을 느낀다."라고 알아차린다. 혹은 즐겁지도 괴롭지도 않은 육체적인 느낌을 느낄 때 "즐겁지도 괴롭지도 않은 육체적인 느낌을 느낀다."라고 알아차린다. 혹은 즐겁지도 괴롭지도 않은 정신적인 느낌을 느낄 때 "즐겁지도 괴롭지도 않은 정신적인 느낌을 느낀다."라고 알아차린다.

이와 같이 혹은 안으로 느낌에 대한 [마음지킴으로써] 느낌을 지긋이 관찰하면서 머문다. 혹은 밖으로 느낌에 대한 [마음지킴으로써] 느낌을 지긋이 관찰하면서 머문다. 혹은 안팎으로 느낌에 대한 [마음지킴으로써] 느낌을 지긋이 관찰하면서 머문다. 혹은 느낌에서 일어나는 법을 지긋이 관찰하면서 머문다. 혹은 느낌에서 사라지는 법을 지긋이 관찰하면서 [DN. II. 299] 머문다. 혹은 느낌에서 일어나고 사라지는 법을 지긋이 관찰하면서 머문다. 혹은 다시 그에게 "[이와 같이] 느낌이 있다."라고 하는 마음지킴이 분명해진다. [그것은 곧] 아는 만큼에 한하며 주의하는 만큼에 한한다. 그는 의존하는 것이 없이 머물며 어떠한 세간적인 것에 대해서도 집착하지 않는다. 비구들이여, 이와 같이 한 비구가 있어, 느낌에 대한 [마음지킴으로써] 느낌을 지긋이 관찰하면서 머문다.

비구들이여, 그러면 비구가 마음에 대한 [마음지킴으로써] 마음을 지긋이 관찰하면서 머무는 것은 어떠한가?

비구들이여, 여기에 한 비구가 있어, 탐욕이 있는 마음을 "탐욕이 있는 마음이다."라고 알아차린다. 혹은 탐욕이 없는 마음을 "탐욕이 없는 마음이다."라고 알아차린다. 혹은 분노가 있는 마음을 "분노가 있는 마음이다."라고 알아차린다. 혹은 분노가 없는 마음을 "분노가 없는 마음이다."라고 알아차린다. 혹은 어리석음이 있는 마음을 "어리석음이 있는 마음이다."라고 알아차린다. 혹은 어리석음이 없는 마음을 "어리석음이 없는 마음이다."라고 알아차린다.

혹은 침체된 마음을 "침체된 마음이다."라고 알아차린다. 혹은 산만한 마음을 "산만한 마음이다."라고 알아차린다. 혹은 부풀린 마음을 "부풀린 마음이다."라고 알아차린다. 혹은 부풀리지 않은 마음을 "부풀리지 않은 마음이다."라고 알아차린다. 혹은 위가 있는 마음을 "위가 있는 마음이다."라고 알아차린다. 혹은 위없는 마음을 "위없는 마음이다."라고 알아차린다. 혹은 고요한 마음을 "고요한 마음이다."라고 알아차린다. 혹은 고요하지 않은 마음을 "고요하지 않은 마음이다."라고 알아차린다. 혹은 해탈한 마음을 "해탈한 마음이다."라고 알아차린다. 혹은 해탈하지 못한 마음을 "해탈하지 못한 마음이다."라고 알아차린다.

이와 같이 혹은 안으로 마음에 대한 〔마음지킴으로써〕 마음을 지긋이 관찰하면서 머문다. 혹은 밖으로 마음에 대한 〔마음지킴으로써〕 마음을 지긋이 관찰하면서 머문다. 혹은 안팎으로 마음에 대한 〔마음지킴으로써〕 마음을 지긋이 관찰하면서 머문다. 혹은 마음에서 일어나는 법을 지긋이 관찰하면서 머문다. 혹은 마음에서 사라지는 법을 지긋이 관찰하면서 머문다. 혹은 마음에서 일어나고 사라지는 법을 지긋이 관찰하면서 머문다. 혹은 다시 그에게 "〔이와 같이〕 마음이 있다."라고 하는 마음지킴이 분명해진다. 〔DN. II. 300〕 〔그것은 곧〕 아는 만큼에 한하며 주의하는 만큼에 한한다. 또한 그는 의존하는 것이 없이 머물며 어떠한 세간적인 것에 대해서도 집착하지 않는다. 비구들이여, 이와 같이 한 비구가 있어, 마음에 대한 〔마음지킴으로써〕 마음을 지긋이 관찰하면서 머문다.

비구들이여, 그러면 비구가 법에 대한 〔마음지킴으로써〕 법을 지긋이 관찰하면서 머무는 것은 어떠한가?

비구들이여, 여기에 한 비구가 있어, 다섯 장애(五蓋)의 현상과 관련하여 법을 지긋이 관찰하면서 머문다. 그러면 비구들이여, 여기에 한 비구가 있어, 다섯 장애의 현상과 관련하여 법을 지긋이 관찰하면서 머무는 것은 어떠한가?

비구들이여, 여기에 한 비구가 있어, 안으로 쾌락에 대한 욕망이 있으면, "나에게 안으로 쾌락에 대한 욕망이 있다."라고 알아차린다. 혹은 안으로 쾌락에 대한 욕망이 없으면 "나에게 안으로 쾌락에 대한 욕망이 없다."라고 알아차린다. 또한 생겨나지 않았던 쾌락에 대한 욕망이 일어나면 바로 그것을 알아차린다. 또한 생겨난 쾌락에 대한 욕망이 사라지면 바로 그것을 알아차린다. 또한 사라진 쾌락에 대한 욕망이 이후로 생겨나지 않게 되면 바로 그것을 알아차린다.

혹은 안으로 악한 마음(惡意)이 있으면 "나에게 안으로 악한 마음이 있다."라고 알아차린다. 혹은 안으로 악한 마음이 없으면, "나에게 안으로 악한 마음이 없다."라고 알아차린다. 또한 생겨나지 않았던 악한 마음이 일어나면 바로 그것을 알아차린다. 또한 생겨난 악한 마음이 사라지면 바로 그것을 알아차린다. 또한 사라진 악한 마음이 이후로 생겨나지 않게 되면 바로 그것을 알아차린다.

혹은 안으로 혼침과 졸음이 있으면 "나에게 안으로 혼침과 졸음이 있다."라고 알아차린다. 혹은 안으로 혼침과 졸음이 없으면 "나에게 안으로 혼침과 졸음이 없다."라고 알아차린다. 또한 생겨나지 않았던 혼침과 졸음이 일어나면 바로 그것을 알아차린다. 또한 생겨난 혼침과 졸음이 사라지면 바로 그것을 알아차린다. 또한 사라진 혼침과 졸음이 이후로 생겨나지 않게 되면 바로 그것을 알아차린다.

혹은 안으로 들뜸과 회한이 있으면 〔DN. II. 301〕 "나에게 안으로 들뜸과 회한이 있다."라고 알아차린다. 혹은 안으로 들뜸과 회한이 없으면 "나에게 안으로 들뜸과 회한이 없다."라고 알아차린다. 또한 생겨나지 않았던 회한이 일어나면 바로 그것을 알아 차린다. 또한 생겨난 들뜸과 회한이 사라지면 바로 그것을 알아 차린다. 또한 사라진 들뜸과 회한이 이후로 생겨나지 않게 되면 바로 그것을 알아차린다.

혹은 안으로 의심이 있으면, "나에게 안으로 의심이 있다." 라고 알아차린다. 혹은 안으로 의심이 없으면 "나에게 안으로 의 심이 없다."라고 알아차린다. 또한 생겨나지 않았던 의심이 일어 나면 바로 그것을 알아차린다. 또한 생겨난 의심이 사라지면 바 로 그것을 알아차린다. 또한 사라진 의심이 이후로 생겨나지 않 게 되면 바로 그것을 알아차린다.

이와 같이 혹은 안으로 법에 대한 [마음지킴으로써] 법을 지긋 이 관찰하면서 머문다. 혹은 밖으로 법에 대한 [마음지킴으로써] 법을 지긋이 관찰하면서 머문다. 혹은 안팎으로 법에 대한 [마음 지킴으로써] 법을 지긋이 관찰하면서 머문다. 혹은 법에 관련하여 일어나는 법을 지긋이 관찰하면서 머문다. 혹은 법에 관련하여 사라지는 법을 지긋이 관찰하면서 머문다. 혹은 법에 관련하여 일어나고 사라지는 법을 지긋이 관찰하면서 머문다. 혹은 다시 그에게 "[이와 같이] 법이 있다."라고 하는 마음지킴이 분명해진 다. [그것은 곧] 아는 만큼에 한하며 주의하는 만큼에 한한다. 또 한 그는 의존하는 것이 없이 머물며 어떠한 세간적인 것에 대해서도 집착하지 않는다. 비구들이여, 이와 같이 한 비구가 있어, 다섯 장애의 현상과 관련하여 법을 지긋이 관찰하면서 머문다.

다시 비구들이여, 여기에 한 비구가 있어, 다섯 가지 집착된 경험요소(五取蘊)라는 현상과 관련하여 법을 지긋이 관찰하면서 머문다. 그러면 비구들이여, 여기에 한 비구가 있어 다섯 가지 집착된 경험요소라는 현상과 관련하여 법을 지긋이 관찰하면서 머무는 것은 어떠한가?

비구들이여, 여기에 비구가 있어, "이것은 물질현상(色)이다." "이것은 물질현상의 일어남이다." "이것은 물질현상의 사라짐이다."라고 알아차린다. "이것은 느낌(受)이다." "이것은 느낌의 일어남이다." "이것은 느낌의 사라짐이다."라고 알아차린다. "이것은 지각(想)이다." "이것은 지각의 일어남이다." "이것은 지각의 사라짐이다."라고 알아차린다. "이것은 지음(行)이다." 〔DN. II. 302〕 "이것은 지음의 일어남이다." "이것은 지음의 사라짐이다."라고 알아차린다. "이것은 의식(識)이다." "이것은 의식의 일어남이다." "이것은 의식의 사라짐이다."라고 알아차린다.

이와 같이 혹은 안으로 법에 대한 〔마음지킴으로써〕 법을 지긋이 관찰하면서 머문다. 혹은 밖으로 법에 관련하여 법을 지긋이 관찰하면서 머문다. 혹은 안팎으로 법에 관련하여 법을 지긋이 관찰하면서 머문다. 혹은 법에 관련하여 일어나는 법을 지긋이 관찰하면서 머문다. 혹은 법에 관련하여 사라지는 법을 지긋이 관찰하면서 머문다. 혹은 법에 관련하여 일어나고 사라지는 법을 지긋이 관찰하면서 머문다. 혹은 다시 그에게 〔이와 같이〕 법이 있다."라고 하는 마음지킴이 분명해진다. 〔그것은 곧〕 아는 만큼에 한하며 주의하는 만큼에 한한다. 또한 그는 의존하는 것이 없이 머물며 어떠한 세간적인 것에 대해서도 집착하지 않는다. 비구들이여, 이와 같이 한 비구가 있어, 다섯 가지 집착된 경험요소라는 현상과 관련하여 법을 지긋이 관찰하면서 머문다.

다시 비구들이여, 여기에 한 비구가 있어, 여섯 가지 내·외의 터전(六內外處)이라는 현상과 관련하여 법을 지긋이 관찰하면서 머문다.

그러면 비구들이여, 여기에 한 비구가 있어, 여섯 가지 내·외의 터전이라는 현상과 관련하여 법을 지긋이 관찰하면서 머무는 것은 어떠한가?

비구들이여, 여기에 한 비구가 있어, 눈(眼)이라고 알아차린다. 또한 물질현상(色)이라고 알아차린다. 또한 이 두 가지를 조건으로 해서 일어난 얽매임(結)을 알아차린다. 또한 아직 생겨나지 않았던 얽매임이 생겨나면 그것을 알아차린다. 또한 생겨난 얽매임이 끊어지면 그것을 알아차린다. 또한 끊어진 얽매임이 이후로 생겨나지 않게 되면 그것을 알아차린다. 귀(耳)라고 알아차린다. 또한 소리(聲)라고 알아차린다. (중략) 코(耳)라고 알아차린다. 또한 냄새(香)라고 알아차린다. (중략) 혀(舌)라고 알아차린다. 또한 맛(味)이라고 알아차린다. (중략) 몸(身)이라고 알아차린다. 또한 감촉(觸)이라고 알아차린다.

마음(意)이라고 알아차린다. 또한 마음현상(法)이라고 알아차린다. 또한 이 두 가지를 [DN. II. 303] 조건으로 해서 일어난 얽매임(結)을 알아차린다. 또한 생겨나지 않았던 얽매임이 생겨나면 그것을 알아차린다. 또한 생겨난 얽매임이 끊어지면 그것을 알아차린다. 또한 끊어진 얽매임이 이후로 생겨나지 않게 되면 그것을 알아차린다.

이와 같이, 법에 대한 [마음지킴으로써] 법을 지긋이 관찰하면서 머문다. 혹은 법에 관련하여 일어나는 법을 지긋이 관찰하면서 머문다. 혹은 법에 관련하여 사라지는 법을 지긋이 관찰하면서 머문다. 혹은 법에 관련하여 일어나고 사라지는 법을 지긋이 관찰하면서 머문다. 혹은 다시 그에게 "[이와 같이] 법이 있다."라고 하는 마음지킴이 분명해진다. [그것은 곧] 아는 만큼에 한하며 주의하는 만큼에 한한다. 또한 그는 의존하는 것이 없이 머물며 어떠한 세간적인 것에 대해서도 집착하지 않는다. 비구들이여,

이와 같이 한 비구가 있어, 내·외의 터전이라는 현상과 관련하여 법을 지긋이 관찰하면서 머문다.

다시 비구들이여, 여기에 한 비구가 있어, 일곱 가지 깨달음의 조목(七覺支)이라는 법에 관련하여 법을 지긋이 관찰하면서 머문다.

그러면 비구들이여, 여기에 한 비구가 있어 일곱 가지 깨달음의 조목이라는 법에 관련하여 법을 지긋이 관찰하면서 머무는 것은 어떠한가?

비구들이여, 여기에 한 비구가 있어, 안으로 마음지킴에 의한 깨달음의 조목(念覺支)이 있으면 "나에게 안으로 마음지킴에 의한 깨달음의 조목이 있다."라고 알아차린다. 또는 안으로 마음지킴에 의한 깨달음의 조목이 없으면 "나에게 안으로 마음지킴에 의한 깨달음의 조목이 없다."라고 알아차린다. 또한 아직 생겨나지 않았던 마음지킴에 의한 깨달음의 조목이 생겨나면 그것을 알아차린다. 또한 생겨난 마음지킴에 의한 깨달음의 조목이 닦음을 통해 원만해지면 그것을 알아차린다.

혹은 안으로 법에 대한 분석으로 이루어진 깨달음의 조목(擇法覺支)이 있으면 (중략) 혹은 안으로 노력으로 이루어진 깨달음의 조목(精進覺支)이 있으면 (중략) 혹은 안으로 기쁨으로 이루어진 깨달음의 조목(喜覺支)이 있으면 (중략) 〔DN. II. 304〕혹은 안으로 평안으로 이루어진 깨달음의 조목(輕安覺支)이 있으면 (중략) 혹은 안으로 삼매로 이루어진 깨달음의 조목(定覺支)이 있으면 (중략) 혹은 안으로 평정으로 이루어진 깨달음의 조목(捨覺支)이 있으면 "나에게 안으로 평정으로 이루어진 깨달음의 조목이 있다."라고 알아차린다. 또는 안으로 평정으로 이루어진 깨달음의 조목이 없으면 "나에게 안으로 평정으로 이루어진 깨달음의 조목이 없다."라고 알아차린다. 또한 아직 생겨나지 않았던 평정으로 이루어진 깨달음의 조목이 생겨나면 그것을 알아차린다. 또한 생겨난 평정으로 이루어진 깨달음의 조목이 수행을 통해서 원만해지면 그것을 알아차린다.

이와 같이 혹은 안으로 법에 대한 〔마음지킴으로써〕법을 지긋이 관찰하면서 머문다. 혹은 밖으로 법에 대한 〔마음지킴으로써〕법을 지긋이 관찰하면서 머문다. 혹은 안팎으로 법에 대한 〔마음지킴으로써〕법을 지긋이 관찰하면서 머문다. 혹은 법에 관련하여 일어나는 법을 지긋이 관찰하면서 머문다. 혹은 법에 관련하여 사라지는 법을 지긋이 관찰하면서 머문다. 혹은 법에 관련하여 일어나고 사라지는 법을 지긋이 관찰하면서 머문다. 혹은 다시 그에게 "〔이와 같이〕법이 있다."라고 하는 마음지킴이 분명해진다. 〔그것은 곧〕아는 만큼에 한하며 주의하는 만큼에 한한다. 또한 그는 의존하는 것이 없이 머물며 어떠한 세간적인 것에 대해서도 집착하지 않는다. 비구들이여, 이와 같이 한 비구가 있어, 일곱 가지 깨달음의 조목이라는 법에 관련하여 법을 지긋이 관찰하면서 머문다.

다시 비구들이여, 여기에 한 비구가 있어, 네 가지 거룩한 진리(四聖諦)의 법에 관련하여 법을 지긋이 관찰하면서 머문다.

그러면 비구들이여, 여기에 한 비구가 있어, 네 가지 거룩한 진리의 법에 관련하여 법을 지긋이 관찰하면서 머무는 것은 어떠한가?

비구들이여, 여기에 한 비구가 있어, "이것은 괴로움이다."라고 있는 그대로 알아차린다. "이것은 괴로움의 원인이다."라고 있는 그대로 알아차린다. "이것은 괴로움의 소멸이다."라고 있는 그대로 알아차린다. "이것은 괴로움의 소멸에 이르는 길이다."라고 있는 그대로 알아차린다.

〔DN. II. 305〕그러면 비구들이여, 괴로움의 거룩한 진리는 어떠한가? 태어남은 괴로움이요, 늙음은 괴로움이요, 슬픔·비탄·괴로움·근심·번민은 괴로움이다. 사랑하지 않는 사람과의 만남은 괴로움이요, 사랑하는 사람과의 이별은 괴로움이다. 원하

는 것을 얻지 못하는 그것도 또한 괴로움이다. 요컨대 다섯의 집착된 경험요소(五取蘊)가 괴로움이다.

그러면 비구들이여, 태어남이란 어떠한가? 그렇고 그런 중생들이 그렇고 그런 중생의 무리 안에서 태어나고, 생겨나고, 들어가고, 자라나고, 경험요소(蘊)가 분명해지고, 터전(處)을 얻는 것, 이것을 태어남이라고 한다.

그러면 비구들이여, 늙음이란 어떠한가? 그렇고 그런 중생이 그렇고 그런 중생의 무리 안에서 늙고, 뇌쇠해지고, 이빨이 빠지고, 백발이 지고, 주름이 지고, 수명이 감소하고, 감각기관이 쇠퇴하는 것, 이것을 늙음이라고 한다.

그러면 비구들이여, 죽음이란 어떠한가? 그렇고 그런 중생이 그렇고 그런 중생의 무리 안에서 죽고, 살해되고, 파괴되고, 사라지고, 없어지고, 임종에 들어가고, 경험요소(蘊)가 무너지고, 시체가 매장되고, 목숨의 기능이 파괴되는 것, 이것을 죽음이라고 한다.

그러면 비구들이여, 슬픔이란 어떠한가? 비구들이여, 어느 하나가 어느 하나의 불행에 연루되어, 어느 하나가 어느 하나의 [DN. II. 306] 괴로운 법에 접촉되어 〔겪게 되는〕, 슬픔·우수·슬

퍼함 · 극단적인 슬픔 · 극단적인 큰 슬픔, 이것을 슬픔이라 한다.

그러면 비구들이여, 비탄(悲)이란 어떠한가? 비구들이여, 어느 하나가 어느 하나의 불행에 연루되어, 어느 하나가 어느 하나의 괴로운 법에 접촉되어 〔겪게 되는〕, 한탄 · 비통 · 통한 · 비탄 · 통탄 · 절규, 이것을 비탄이라 한다.

그러면 비구들이여, 괴로움이란 어떠한가? 비구들이여, 몸의 괴로움으로서 몸의 불쾌함, 몸의 접촉에서 생겨난 괴로움으로서 불쾌한 느낌, 이것을 괴로움이라 한다.

비구들이여, 근심(憂)이란 어떠한가? 비구들이여, 마음의 괴로움으로서 마음의 불쾌함, 마음의 접촉에서 생겨난 괴로움으로서 불쾌한 느낌, 이것을 근심이라 한다.

비구들이여, 번민(惱)이란 무엇인가? 어느 하나가 어느 하나의 불행에 연루되어, 어느 하나가 어느 하나의 괴로운 법에 접촉되어 〔겪게 되는〕, 불안 · 번민 · 번뇌 · 번민에 빠짐, 이것을 번민이라 한다.

비구들이여, 원하는 것을 얻지 못하는 괴로움이란 어떠한가? 비구들이여, 태어남의 법을 지닌 중생에게 이와 같은 바람이 생

겨난다. "실로 나에게 태어남의 법이 오지 말았으면, 실로 우리
에게 태어남의 법이 오지 말았으면."〔라고 원한다.〕 그러나 이러한
바람을 이루지 못한다. 이것이 곧 원하는 것을 얻지 못하는 괴로
움이다. 비구들이여, 늙음의 법을 지닌 중생에게 (중략) 비구들이
여, 병듦의 법을 지닌 중생에게 (중략) 비구들이여, 죽음의 법을
지닌 중생에게 (중략) 비구들이여, 슬픔·비탄·괴로움·근심·
번민의 법을 지닌 중생에게 이와 같은 바람이 생겨난다. "실로 나
에게 번민의 법이 오지 말았으면, 실로 우리에게 번민의 법이 오
지 말았으면."〔하고 원한다.〕 그러나 이러한 바람을 이루지 못한
다. 이것이 곧 원하는 것을 얻지 못하는 괴로움이다.

비구들이여, 요컨대 다섯의 집착된 경험요소(五取蘊)가 괴로
움이란 어떠한가? 집착된 물질현상의 경험요소(色取蘊), 집착된
느낌의 경험요소(受取蘊), 집착된 지각의 경험요소(想取蘊), 집착
된 지음의 경험요소(行取蘊), 집착된 의식의 경험요소(識取蘊)이
다. 비구들이여, 이것을 일컬어 요컨대 다섯의 집착된 경험요소
에 의한 괴로움이라 한다. 비구들이여, 이것을 괴로움의 거룩한
진리라 한다.

〔DN. II. 308〕 비구들이여, 괴로움의 일어남의 거룩한 진리란
어떠한가?

또 다른 태어남으로 이어지는 갈애로서, 기쁨과 탐욕에 묶여 여기저기에서 즐거워하는 것이다. 말하자면 쾌락에 대한 갈애(欲愛), 있음에 대한 갈애(有愛), 있지 않음에 대한 갈애(非有愛)이다.

비구들이여, 그러한 갈애는 어디에서 생겨나는가? 어디에서 머무는가? 세간에 관련된 유혹적인 현상(色)과 즐거운 현상, 바로 거기에서 이러한 갈애가 생겨난다. 거기에 머문다.

세간에 관련된 유혹적인 현상과 즐거운 현상이란 무엇인가? 세간에 관련된 눈(眼)은 유혹적인 현상〔에 속하거나〕즐거운 현상〔에 속한다.〕거기에서 이러한 갈애가 생겨난다. 거기에 머문다. 세간에 관련된 귀(耳)는, (중략) 세간에 관련된 코(鼻)는, (중략) 세간에 관련된 혀(舌)는, (중략) 세간에 관련된 몸(身)은, (중략) 세간에 관련된 마음(意)은 유혹적인 현상〔에 속하거나〕즐거운 현상〔에 속한다.〕거기에서 이러한 갈애가 생겨난다. 거기에 머문다.

세간에 관련된 물질현상(色)은 (중략) 세간에 관련된 소리(聲) (중략) 세간에 관련된 냄새(香)은 (중략) 세간에 관련된 맛(味)은 (중략) 세간에 관련된 감촉(觸)은 (중략) 세간에 관련된 마음현상(法)은 유혹적인 현상〔에 속하거나〕즐거운 현상〔에 속한다.〕거기에서 이러한 갈애가 생겨난다. 거기에 머문다.

세간에 관련된 눈에 의한 의식(眼識)은 (중략) 세간에 관련된 귀에 의한 의식(耳識)은 (중략) 세간에 관련된 코에 의한 의식(鼻識)은 (중략) 세간에 관련된 혀에 의한 의식(舌識)은 (중략) 세간에 관련된 몸에 의한 의식(身識)은 (중략) 세간에 관련된 마음에 의한 의식(意識)은 유혹적인 현상[에 속하거나] 즐거운 현상[에 속한다.] 거기에서 이러한 갈애가 생겨난다. 거기에 머문다.

세간에 관련된 눈에 의한 접촉(眼觸)은 (중략) 세간에 관련된 귀에 의한 접촉(耳觸)은 (중략) 세간에 관련된 코에 의한 접촉(鼻觸)은 (중략) 〔DN. II. 309〕 세간에 관련된 혀에 의한 접촉(舌觸)은 (중략) 세간에 관련된 몸에 의한 접촉(身觸)은 (중략) 세간에 관련된 마음에 의한 접촉(意觸)은 유혹적인 현상[에 속하거나] 즐거운 현상[에 속한다.] 거기에서 이러한 갈애가 생겨난다. 거기에 머문다.

세간에 관련된 눈의 접촉에 의해 생겨난 느낌(受)은 (중략) 세간에 관련된 귀의 접촉에 의해 생겨난 느낌은 (중략) 세간에 관련된 코의 접촉에 의해 생겨난 느낌은 (중략) 세간에 관련된 혀의 접촉에 의해 생겨난 느낌은 (중략) 세간에 관련된 몸의 접촉에 의해 생겨난 느낌은 (중략) 세간에 관련된 마음의 접촉에 의해 생겨난 느낌은 유혹적인 현상[에 속하거나] 즐거운 현상[에 속한다.] 거기에서 이러한 갈애가 생겨난다. 거기에 머문다.

세간에 관련된 물질현상에 대한 지각(想)은 (중략) 세간에 관련된 소리에 대한 지각은 (중략) 세간에 관련된 냄새에 대한 지각은 (중략) 세간에 관련된 맛에 대한 지각은 (중략) 세간에 관련된 감촉에 대한 지각은 (중략) 세간에 관련된 마음현상에 대한 지각은 유혹적인 현상〔에 속하거나〕 즐거운 현상〔에 속한다.〕 거기에서 이러한 갈애가 생겨난다. 거기에 머문다.

세간에 관련된 물질현상에 대한 의도(思)는 (중략) 세간에 관련된 소리에 대한 의도는 (중략) 세간에 관련된 냄새에 대한 의도는 (중략) 세간에 관련된 맛에 대한 의도는 (중략) 세간에 관련된 감촉에 대한 의도는 (중략) 세간에 관련된 마음현상에 대한 의도는 유혹적인 현상〔에 속하거나〕 즐거운 현상〔에 속한다.〕 거기에서 이러한 갈애가 생겨난다. 거기에 머문다.

세간에 관련된 물질현상에 대한 갈애(愛)는 (중략) 세간에 관련된 소리에 대한 갈애는 (중략) 세간에 관련된 냄새에 대한 갈애는 (중략) 세간에 관련된 맛에 대한 갈애는 (중략) 세간에 관련된 감촉에 대한 갈애는 (중략) 세간에 관련된 마음현상에 대한 갈애는 유혹적인 현상〔에 속하거나〕 즐거운 현상〔에 속한다.〕 거기에서 이러한 갈애가 생겨난다. 거기에 머문다.

세간에 관련된 물질현상에 대한 생각(尋)은 (중략) 세간에 관련된 소리에 대한 생각은 (중략) 세간에 관련된 냄새에 대한 생각은 (중략) 세간에 관련된 맛에 대한 생각은 (중략) 세간에 관련된 감촉에 대한 생각은 (중략) 세간에 관련된 마음현상에 대한 생각은 유혹적인 현상〔에 속하거나〕 즐거운 현상〔에 속한다.〕 거기에서 이러한 갈애가 생겨난다. 거기에 머문다.

세간에 관련된 물질현상에 대한 지속적인 생각(伺)은 (중략) 세간에 관련된 소리에 대한 지속적인 생각은 (중략) 세간에 관련된 냄새에 대한 지속적인 생각은 (중략) 세간에 관련된 맛에 대한 지속적인 생각은 (중략) 세간에 관련된 감촉에 대한 지속적인 생각은 (중략) 세간에 관련된 마음현상에 대한 지속적인 생각은 유혹적인 현상〔에 속하거나〕 즐거운 현상〔에 속한다.〕 거기에서 이러한 〔DN. II. 310〕 갈애가 생겨난다. 거기에 머문다.

비구들이여, 괴로움의 소멸의 거룩한 진리란 어떠한가?
갈애로부터의 남김 없는 탐욕의 소멸(離貪) · 포기 · 버림 · 해탈 · 무집착이다. 다시 그러한 갈애는 어디에서 끊기는가? 어디에서 소멸하는가? 세간에서의 유혹적인 현상과 즐거운 현상, 바로 거기에서 이러한 갈애는 끊긴다. 거기에서 소멸한다.

세간에 관련된 유혹적인 현상과 즐거운 현상이란 어떠한가?
세간에 관련된 눈(眼)은 유혹적인 현상〔에 속하거나〕 즐거운 현상

〔에 속한다.〕 거기에서 이러한 갈애는 끊긴다. 거기에서 소멸한다. 세간에 관련된 귀(耳)는 (중략) 세간에 관련된 코(鼻)는 (중략) 세간에 관련된 혀(舌)는 (중략) 세간에 관련된 몸(身)은 (중략) 세간에 관련된 마음(意)은 유혹적인 현상〔에 속하거나〕 즐거운 현상〔에 속한다.〕 거기에서 이러한 갈애는 끊긴다. 거기에서 소멸한다.

세간에 관련된 물질현상(色)은 (중략) 세간에 관련된 소리(聲) (중략) 세간에 관련된 냄새(香)은 (중략) 세간에 관련된 맛(味)은 (중략) 세간에 관련된 감촉(觸)은 (중략) 세간에 관련된 마음현상(法)은 유혹적인 현상〔에 속하거나〕 즐거운 현상〔에 속한다.〕 거기에서 이러한 갈애는 끊긴다. 거기에서 소멸한다.

세간에 관련된 눈에 의한 의식(眼識)은 (중략) 세간에 관련된 귀에 의한 의식(耳識)은 (중략) 세간에 관련된 코에 의한 의식(鼻識)은 (중략) 세간에 관련된 혀에 의한 의식(舌識)은 (중략) 세간에 관련된 몸에 의한 의식(身識)은 (중략) 세간에 관련된 마음에 의한 의식(意識)은 유혹적인 현상〔에 속하거나〕 즐거운 현상〔에 속한다.〕 거기에서 이러한 갈애는 끊긴다. 거기에서 소멸한다.

세간에 관련된 눈에 의한 접촉(眼觸)은 (중략) 세간에 관련된 귀에 의한 접촉(耳觸)은 (중략) 세간에 관련된 코에 의한 접촉(鼻觸)은 (중략) 세간에 관련된 혀에 의한 접촉(舌觸)은 (중략) 세간에 관련된 몸에 의한 접촉(身觸)은 (중략) 세간에 관련된 마음에 의한 접촉(意觸)은 〔DN. II. 311〕 유혹적인 현상〔에 속하거나〕 즐거운 현상〔에 속한다.〕 거기에서 이러한 갈애는 끊긴다. 거기에서 소멸한다.

세간에 관련된 눈의 접촉에 의해 생겨난 느낌(受)은 (중략) 세간에 관련된 귀의 접촉에 의해 생겨난 느낌은 (중략) 세간에 관련된 코의 접촉에 의해 생겨난 느낌은 (중략) 세간에 관련된 혀의 접촉에 의해 생겨난 느낌은 (중략) 세간에 관련된 몸의 접촉에 의해 생겨난 느낌은 (중략) 세간에 관련된 마음의 접촉에 의해 생겨난 느낌은 유혹적인 현상〔에 속하거나〕 즐거운 현상〔에 속한다.〕 거기에서 이러한 갈애는 끊긴다. 거기에서 소멸한다.

세간에 관련된 물질현상에 대한 지각(想)은 (중략) 마음현상에 대한 지각은 유혹적인 현상〔에 속하거나〕 즐거운 현상〔에 속한다.〕 거기에서 이러한 갈애는 끊긴다. 거기에서 소멸한다.

세간에 관련된 물질현상에 대한 의도(思)는 (중략) 마음현상에 대한 의도는 유혹적인 현상〔에 속하거나〕 즐거운 현상〔에 속한다.〕 거기에서 이러한 갈애는 끊긴다. 거기에서 소멸한다.

세간에 관련된 물질현상에 대한 갈애(愛)는 (중략) 마음현상에 대한 갈애는 유혹적인 현상〔에 속하거나〕 즐거운 현상〔에 속한다.〕 거기에서 이러한 갈애는 끊긴다. 거기에서 소멸한다.

세간에 관련된 물질현상에 대한 생각(尋)은 (중략) 세간에 관련된 소리에 대한 생각은 (중략) 세간에 관련된 냄새에 대한 생각은 (중략) 세간에 관련된 맛에 대한 생각은 (중략) 세간에 관련된 감촉에 대한 생각은 (중략) 세간에 관련된 마음현상에 대한 생각은 유혹적인 현상〔에 속하거나〕 즐거운 현상〔에 속한다.〕 거기에서 이러한 갈애는 끊긴다. 거기에서 소멸한다.

세간에 관련된 물질현상에 대한 지속적인 생각(伺)은 (중략) 세간에 관련된 소리에 대한 지속적인 생각은 (중략) 세간에 관련된 냄새에 대한 지속적인 생각은 (중략) 세간에 관련된 맛에 대한 지속적인 생각은 (중략) 세간에 관련된 감촉에 대한 지속적인 생각은 (중략) 세간에 관련된 마음현상에 대한 지속적인 생각은 유혹적인 현상〔에 속하거나〕 즐거운 현상〔에 속한다.〕 거기에서 이러한 갈애는 끊긴다. 거기에서 소멸한다.

비구들이여, 괴로움의 소멸에 이르는 길의 거룩한 진리란 어떠한가? 그것은 곧 거룩한 여덟 가지의 바른길(八支聖道)이다. 즉 바른 견해(正見)·바른 의향(正思惟)·바른 말(正語)·바른 행위(正業)·바른 삶(正命)·바른 노력(正精進)·바른 마음지킴(正

念) · 바른 삼매(正定)이다.

비구들이여, 바른 견해(正見)란 어떠한가? 〔DN. II. 312〕 비
구들이여, 괴로움에 대한 지혜 · 괴로움의 일어남에 대한 지혜 ·
괴로움의 소멸에 대한 지혜 · 괴로움의 소멸에 이르는 길에 대한
지혜이다. 비구들이여, 이것을 바른 견해라 한다.

비구들이여, 바른 의향(正思惟)이란 어떠한가? 〔쾌락에 대한
바람으로부터〕 벗어나려는 의향(出離思) · 성냄을 버리려는 의향(無
恚思) · 해치지 않으려는 의향(無害思)이다. 이것을 바른 의향이
라 한다.

비구들이여, 바른 말(正語)은 어떠한가? 거짓말로부터 떠나
는 것 · 이간하는 말로부터 떠나는 것 · 거친 말로부터 떠나는 것
· 꾸며대는 말로부터 떠나는 것이다. 비구들이여, 이것을 바른
말이라 한다.

비구들이여, 바른 행위(正業)란 어떠한가? 살생으로부터 떠
나는 것 · 주지 않은 것을 취하는 것으로부터 떠나는 것 · 삿된 음
란한 행위로부터 떠나는 것이다. 비구들이여, 이것을 바른 행위
라 한다.

비구들이여, 바른 삶(正命)이란 어떠한가? 비구들이여, 여기에 많이 배운 한 거룩한 이가 있어, 삿된 삶을 버리고 바른 삶에 의해 삶을 영위한다. 비구들이여, 이것을 바른 삶이라 한다.

비구들이여, 바른 노력(正精進)이란 어떠한가? 비구들이여, 여기에 한 비구가 있어, 아직 생겨나지 않았던 삿되고 유익하지 않은 마음(法)을 생겨나지 않게 하기 위하여 바람을 내고 정진한다. 노력을 일으킨다. 마음을 잡아 힘쓴다. 생겨난 삿되고 유익하지 않은 마음을 끊기 위하여 바람을 내고 정진한다. 노력을 일으킨다. 마음을 잡아 힘쓴다. 아직 생겨나지 않았던 유익한 마음을 생겨나게 하기 위하여 바람을 내고 정진한다. 노력을 일으킨다. 마음을 잡아 힘쓴다. 생겨난 유익한 마음을 바로 세우고, 혼란스럽지 않게 하며, 증장하고, 〔DN. Ⅱ. 313〕 풍성케 하며, 닦고, 원만하게 하기 위하여 바람을 내고 정진한다. 노력을 일으킨다. 마음을 잡아 힘쓴다. 비구들이여, 이것을 바른 노력이라 한다.

비구들이여, 바른 마음지킴(正念)이란 어떠한가? 여기에 한 비구가 있어, 몸에 대한 〔마음지킴으로써〕 몸을 지긋이 관찰하면서 머문다. 열렬함과 알아차림(知, sampajāna)과 마음지킴(念, sati)을 지니고서, 세간에 관련된 탐욕과 근심을 벗어나 〔머문다.〕 느낌(受)에 대한 〔마음지킴으로써〕, (중략) 마음(心)에 대한 〔마음지킴으로써〕, (중략) 법(法)에 대한 〔마음지킴으로써〕, 법을 지긋이 관찰하면서 머문다. 열렬함과 알아차림과 마음지킴을 지니고서, 세간에 관련된 탐욕과 근심을 벗어나 [머문다.] 비구들이여, 이것을 바른 마음지킴이라 한다.

비구들이여, 바른 삼매(正定)란 어떠한가? 여기에 한 비구가 있어, 쾌락으로부터 떠나고, 유익하지 않은 법으로부터 떠나, 생각(尋)과 지속적인 생각(伺)을 지닌, 떠남(離)으로부터 생겨난, 기쁨과 즐거움의 첫 번째 선정(初禪)을 얻어 머문다. 생각(尋)과 지속적인 생각(伺)이 가라앉아, 안으로 고요해지고, 마음이 한곳에 고정되어, 생각과 지속적인 생각이 없는, 삼매로부터 생겨난, 기쁨과 즐거움의 두 번째 선정(第二禪)을 얻어 머문다. 기쁨에 의한 탐욕의 떠남으로부터 평정(捨)이 머무는, 마음지킴(念)과 알아차림(知)을 지녀, 즐거움을 몸으로 느끼는, 거룩한 이들이 말하는 "평정과 마음지킴을 지녀 즐거움이 머문다."라고 하는, 세 번째 선정(第三禪)을 얻어 머문다. 즐거움이 끊어지고 괴로움이 끊어져, 이전의 기쁨과 근심이 사라진, 괴롭지도 즐겁지도 않고, 평정을 통해 마음지킴이 청정해진, 네 번째 선정(第四禪)을 얻어 머문다. 이것을 바른 삼매라 한다. 비구들이여, 이것을 괴로움의 소멸에 이르는 거룩한 길의 진리라 한다.

이와 같이, 혹은 안으로 법에 대한 [마음지킴으로써] 법을 지긋이 관찰하면서 머문다. [DN. II. 314] 혹은 밖으로 법에 대한 [마음지킴으로써) 법을 지긋이 관찰하면서 머문다. 혹은 안팎으로 법에 대한 (마음지킴으로써) 법을 지긋이 관찰하면서 머문다. 혹은 법에 관련하여 일어나는 법을 지긋이 관찰하면서 머문다. 혹은 법에 관련하여 사라지는 법을 지긋이 관찰하면서 머문다. 혹은 법에 관련하여 일어나고 사라지는 법을 지긋이 관찰하면서 머문다. 혹은 다시 그에게 "(이와 같이) 법이 있다."라고 하는 마음지킴이 분명해진다. (그것은 곧) 아는 만큼에 한하며 주의하는 만큼에 한한다. 또한 그는 의존하는 것이 없이 머물며 어떠한 세간적인 것에 대해서도 집착하지 않는다. 비구들이여, 이와 같이 한 비구가 있어, 법에 대한 (마음지킴으로써) 법을 지긋이 관찰하면서 머문다.

비구들이여, 누구든지 이들 네 가지 마음지킴의 확립(四念處)을 이와 같이 7년간 닦는다면, 그에게는 두 가지의 결실 가운데 어느 하나의 결실이 기대된다. 즉 지금 현재의 (삶에서 아라한의) 지혜를 (얻거나), 남은 것이 있는 경우에는 돌아오지 않음(不還) (을 얻는다.) 비구들이여, 7년은 그만 두어라. 이 네 가지 마음지킴의 확립을 이와 같이 6년간 닦는다면, (중략) 5년 (중략) 4년 (중략) 3년 (중략) 2년 (중략) 1년간 닦는다면, 그에게는 두 가지의 결실 가운데 어느 하나의 결실이 기대된다. 즉 지금 현재의 (삶에서 아라한의) 지혜를 (얻거나), 남은 것이 있는 경우에는 돌아오지 않음(을 얻는다.)

비구들이여, 1년은 그만 두어라. 이 네 가지 마음지킴의 확립을 이와 같이 7개월간 닦는다면, 그에게는 두 가지의 결실 가운데 어느 하나의 결실이 기대된다. 즉 지금 현재의 〔삶에서 아라한의〕 지혜를 〔얻거나〕, 남은 것이 있는 경우에는 돌아오지 않음〔을 얻는다.〕

비구들이여, 7개월은 그만 두어라. 이 네 가지 마음지킴의 확립을 이와 같이 6개월간 닦는다면, 그에게는 두 가지의 결실 가운데 어느 하나의 결실이 기대된다. 즉 지금 현재의 〔삶에서 아라한의〕 지혜를 〔얻거나〕, 남은 것이 있는 경우에는 돌아오지 않음〔을 얻는다.〕

비구들이여, 6개월은 그만 두어라. (중략) 5개월간, (중략) 4개월간, (중략) 3개월간, (중략) 2개월간, (중략) 1개월간, (중략) 〔DN. II. 315〕 보름간 닦는다면, 그에게는 두 가지의 결실 가운데 어느 하나의 결실이 기대된다. 즉 지금 현재의 〔삶에서 아라한의〕 지혜를 〔얻거나〕, 남은 것이 있는 경우에는 돌아오지 않음〔을 얻는다.〕

비구들이여, 보름은 그만 두어라. 이 네 가지 마음지킴의 확립을 이와 같이 7일간 닦는다면, 그에게는 두 가지의 결실 가운데 어느 하나의 결실이 기대된다. 즉 지금 현재의 〔삶에서 아라한의〕 지혜를 〔얻거나〕, 남은 것이 있는 경우에는 돌아오지 않음〔을 얻는다.〕

비구들이여, 이것이 유일한 길이나니, 중생들의 청정을 위한 〔길이며〕, 슬픔과 비탄을 극복하기 위한 〔길이며〕, 괴로움과 근심을 소멸하기 위한 〔길이며〕, 올바름에 이르기 위한 〔길이며〕, 열반을 겪어 알기 위한 〔길이니라〕. 바로 이것을 네 가지 마음지킴의 확립이라고 말했던 데에는 이러한 연유가 있다. 이상과 같이 세존께서 말씀하셨다. 〔그러자〕 그들 비구는 만족하여 세존께서 말씀하신 것에 대해 기뻐했다.

참고문헌

|

인용 경전

이 책은 주로 빨리어 경전협회(Pali Text Society)에서 출간한 『니까야』 시리즈에 입
각했다. 이 책에서 인용한 경전들은 편의상 괄호 안의 약호로 표기하였고, 인용된 쪽
수 또한 별도의 표기가 없는 경우 빨리어 경전협회 판본의 쪽수를 뜻한다.

Aṅguttaranikāya (AN.)

Bhagavadgīta (BG.)

Dhammapada (Dhp.)

Dhammapadaṭṭhakathā (DhA.)

Dīghānikāya (DN.)

Itivuttaka (Iti.)

Kaṭha-Upaniṣad (KU.)

Majjhimanikāya (MN.)

Paṭisambhidāmagga (Ps.)

Saṁyuttanikāya (SN.)

Saddhammapakāsinī (PsA.)

Suttanipāta(Sn.)

Visuddhimagga (Vism.)

Yogasūtra (YS.)

『雜阿含經』 大正新修大藏經 제2권

『增一阿含經』 大正新修大藏經 제2권

『金色王經』 大正新修大藏經 제3권

『華嚴經』 大正新修大藏經 제10권

참고 논문 및 단행본

각묵스님 옮김, 『디가 니까야』1권~3권, 초기불전연구원, 2007.

김열권 옮김(Jack Kornfield), 『위빠사나 열두 선사』, 불광출판부, 1997.

김열권 편저, 『위빠싸나 Ⅱ』, 불광출판부, 1993.

김재성 옮김(安藤 治), 『명상의 정신의학』, 민족사, 2009.

김재성, 「태국과 미얀마 불교의 교학체계와 수행체계」, 가산불교문화연구원, 1997.

대림스님 옮김, 『앙굿따라 니까야』1권~5권, 초기불전연구원, 2007.

대림스님 옮김, 『청정도론』, 1권~3권, 초기불전연구원, 2004.

박성현, 「위빠싸나 명상, 마음챙김, 그리고 마음챙김을 근거로 한 심리치료」, 『인지
　　　행동치료』, 제7권 2호, 한국인지행동치료학회, 2007.

박운진 옮김(Bernadette Robert), 『어느 관상수도자의 무아체험』, 정신세계사,
　　　2006.

이균형 옮김(Jack Kornfield), 『깨달음 이후 빨랫감』, 한문화, 2006.

이태영, 『요가철학』, 여래, 2004.

이현주 옮김(M. Kiyojawa), 『겨울부채』, 생활성서사, 2003.

이현철 옮김(Jack Kornfield), 『마음의 숲을 거닐다』, 한언, 2006.

임승택 옮김, 『빠띠삼비다막가 역주』, 가산불교문화연구원, 2001.

임승택, 「사띠 개념의 현대적 해석 양상에 대한 재검토」, 『명상치료연구』제3집, 한국
　　　명상치료학회, 2009.

임승택, 「불교의 선정과 요가의 삼매에 대한 비교연구」, 『회당학보』5집, 회당학회,
　　　2000.

임승택, 「사띠의 의미와 쓰임에 관한 고찰」, 『보조사상』16집, 보조사상연구원, 2001.

임승택, 「선정의 문제에 대한 고찰」, 『불교학연구』5집, 불교학연구회, 2002.

임승택, 「초기경전에 나타나는 궁극 목표에 관한 고찰」, 『불교학연구』19집, 불교학연
　　구회, 2008.

장현갑 옮김(Jon Kabat-Zinn), 『마음챙김 명상과 자기치유』, 학지사, 2005.

전병재 옮김(Bhikkhu Bodhi), 『팔정도』, 고요한 소리, 2009.

전재성 옮김, 『맛지마 니까야』1권~5권, 한국빠알리성전협회, 2002.

전재성 옮김, 『쌍윳따 니까야』1권~11권, 한국빠알리성전협회, 2002.

전현수 · 김성철 옮김(Mark Epstein), 『붓다의 심리학』, 학지사, 2006.

정준영, 「대념처경에서 보이는 수념처의 실천과 이해」, 『불교학연구』7집, 불교학연
　　구회, 2003.

정태혁, 『명상의 세계』, 정신세계사, 1994.

Daing, U. Than., The Doctrine of Paticcasamuppāda, Rangoon: Society for the
　　Propagation of Vipassana. 1966.

Frederic B. Underwood, "Meditation", The Encyclopedia of Religion, vol.9.,
　　New York: Macmillan Publishing Company, 1987.

Malalasekera G. P., Dictionary of Pāli Proper Names, vol. 1., London: The Pali
　　Text Society, 1974.

Nārada Thera Vājirārāma, A Manual of Abhidhamma, Abhidhammattha-
　　Saṅgaha, Yangon: Ministry of Religious Affairs, 1996.

Rhys Davids & William Stede, The Pali Text Society's Pāli-English Dictionary,
　　London: The Pali Text Society, 1986(reprinted).

Robert F. Ilson(Managing Editor), Longman Dictionary of Contemporary
　　English, Longman Group Limited, 1983(reprinted).

붓다와 명상

초판 1쇄 발행 | 2011년 2월 20일   초판 2쇄 발행 | 2015년 11월 10일

지은이 | 임승택

펴낸이 | 윤재승   책임편집 | 정영옥   디자인 | Min디자인

펴낸곳 | 민족사 출판등록 제1-149호(1980.05.09)
주소 | 서울시 종로구 삼봉로 81 두산위브파빌리온 1131호
전화 | 02)732-2403~4   팩스 | 02)739-7565
홈페이지 | www.minjoksa.org   E-mail | minjoksabook@naver.com

※책값은 뒤표지에 있습니다. 잘못된 책은 바꿔 드립니다.

ISBN 978-89-7009-530-1   03220

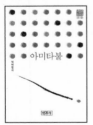